U0846762

学校
学不到的
成长课

(日)株式会社旺文社 著
肖潇 译

•小学生应该学会的事，这套漫画就能搞定！•

我要做个受欢迎的女生

SPM
南方出版传媒
新世纪出版社
·广州·

前言

考试得了一百分真开心呀！身边的人都表扬我。但是，长大以后要面临的问题，却比学校的考试复杂得多，有的时候正确答案不止一种，有的时候问题是没有正确答案的。

“生日礼物的话，我想收到鲜花！”“我想收到书！”谁的答案是正确的？他们的答案都是正确的。但是在某些情况下，他们的答案又都是错误的。

爬山的时候，同学扭伤了脚。紧要关头，自己是选择用指南针摸索着下山，寻找救援，还是在原地等待救援呢？哪个答案是正确的？正确答案随情况而定。总之，性命攸关的问题要慎重地做出决定！

在大人的世界里，每天都要面对这样的选择题。可以自信满满地解决问题，凭借的是聪明的头脑，对问题做出正确的判断。

本系列丛书，希望用漫画的方式，让小朋友们去理解自己和周围的世界。希望合上书本的时候，小朋友们能发现自己的进步，感受到思考带来的快乐。

本书的主题是“做个受欢迎的女生”。你一定也希望自己变得又漂亮又可爱吧？只要花上一点儿小心思，每个女生都可以变成美丽的小仙女。让自己变得漂亮，找到适合自己的小物件，这些小小的幸福都会让我们露出可爱的笑脸。对于女生来讲，这张笑脸本身就是一个变漂亮的重要魔法哦。穿着打扮并不是我们最终的目的，最重要的是能够每天带着笑脸，心情愉快地生活。只要做到这一点，大家就一定会夸你是最漂亮的小姑娘。

旺文社

目录

即将登场的小伙伴们

明日香

- 五年级小学生
- 活泼开朗，是个小冒失鬼
- 自信心不足
- 不太擅长整理和打扫
- 最近正在为脸上的痘痘发愁

尚美

- 五年级小学生
- 胖乎乎的，像个可爱的小妹妹
- 很在乎自己的身材
- 喜欢吃甜点
- 心灵手巧

小舞

- 五年级小学生
- 如假包换的学霸一枚
- 明日香和尚美最信赖的小姐姐
- 不擅长运动和音乐
- 好奇心超强

明日香的爸爸

- 35 岁
- 是一名法式西点师

明日香的妈妈

- 36 岁
- 全职妈妈

插画老师

- 大野
- 本书中的插画都出自他的手笔

美丽小天使

每当三个小姐妹遇到烦恼时，美丽小天使都会及时出手相助，是一位了不起的天使姐姐。她经常给三个小姐妹提供很多有用的建议。

实际上，她的真实身份是……

读者模特
哇，好可爱啊！
她跟咱们一样大，
你看她的皮肤滑滑的，
好羡慕！
杂志
读者小雪的房间
面貌大公开！！
好漂亮啊！
我也想要这样的房间！
不可能！
不可能！
5位引人注目的运动美少女！
『人无完人』这句话，根本就是骗人的！
咔嗒！咔嗒！
欸？
梳妆台怎么自己动起来了？

闪啊闪闪啊闪
嗖——
从……从抽屉里冒出个人来！
我来啦！
你们好！我是『美丽小天使』。
当当当当！

冒出一个人来！
你，你是谁啊？
小，小天使？
哎呀哎呀，吓到你们啦！
真是对不起。
我是听到你们聊天才跑出来的……
啊？
不对不对，你这是非法入侵。我得给警察叔叔打个电话。
对了，要先去告诉妈妈……
快跑快跑
等一等！
我真的不是什么奇怪的家伙……
真的吗？
唰唰唰……

你这头发是在哪个美发店烫的啊？
好华丽的裙子呀！这裙子是你自己的吗？
……
咦？她的翅膀可以摘下来呢。
啪！
你们好吵啊！
第一次见面，你们是不是话太多了？和长辈说话一点儿礼貌都没有！
生气了！太让人
哇！
呜哇！
好可怕！
你们几个……
想要变漂亮是不是？
嗯……
是的。
那就交给我吧！
我一定不会让你们失望喔！
她好像……
并不是什么坏人啊……
嗯……

第1章

我想变得更漂亮

皮肤就要嫩嫩的、弹弹的

唉……
怎么回事，痘痘又变大了……
痘痘又来了……
呜哇！
唉……
真是受够了……
我遮！我遮！
赶快遮起来，遮起来……
为什么总是长在这里呢？
可爱魔镜
嘿嘿嘿……
哇！
咦？你是什么时候冒出来的？
哆嗦哆嗦
恶灵退散！
砰！
扑哧！

嘿嘿嘿……
咔嗒！
啊！
亮ooo
叮咚！
魔法时间到！
喂！
可爱魔镜
呜哇！
不要这样！
我的刘海儿，刘海儿……
话说，怎么一眨眼就给我别上个发卡？！
虽然我很理解你爱美的心情，但是，如果一直用刘海儿遮住额头的话，痘痘是没办法好起来的哟……
震惊！
什么？一直遮住就没法好起来？
关于皮肤的保养要诀啊，你掌握的知识还远远不够呢！
你这姿势貌似有点儿太随便了……

美美的皮肤

『美美的皮肤』究竟什么样？

美美的皮肤人人爱，可是，你知道『美美的皮肤』应该是什么样子的吗？

柔柔润润

皮肤含有适当的油脂和水分，看上去有光泽。

清清爽爽

皮肤表面没有粗糙和坑坑洼洼的地方。

健健康康

皮肤红润，血液循环顺畅，肤色不会发暗，也没有红血丝。

弹弹嫩嫩

没有皱纹，用指尖轻轻按一下，马上就能恢复原来的样子。

小贴士

皮肤是这样生长变化的！

皮肤会按照固定的循环方式生长变化。我们把这个过程叫作皮肤的新陈代谢。

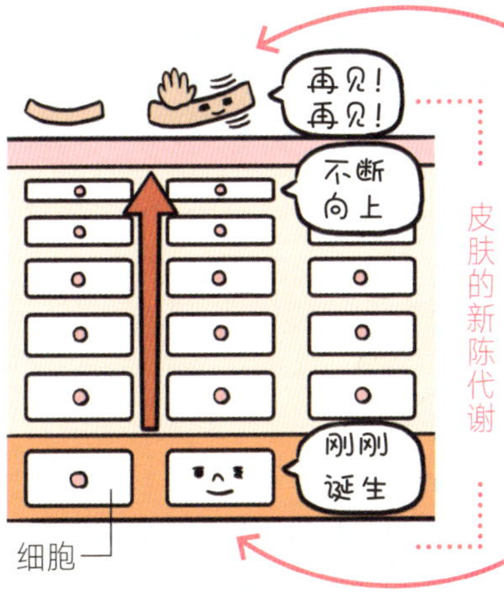

3 老化的皮肤会变成污垢最终脱落。

2 细胞由下向上移动，抵达皮肤表面。

1 最下面生成新细胞。

年龄不同，皮肤完成一轮新陈代谢所需要的时间也不一样。

看这里

年龄	时间
10～19岁	约20天
20～29岁	约28天
30～39岁	约40天
40～49岁	约55天
50～59岁	约75天

美美的皮肤我也有

皮肤保养篇

『洗脸』是保持皮肤美丽的秘诀。

洗脸

每天早上，脸上到处都是皮肤在夜里分泌出来的油脂！到了晚上，皮肤上又沾满了一天当中空气里的灰尘和污垢！“洗脸”能把它们通通清除掉！

1 用洗面奶揉出丰富的泡沫。

2 用这些泡沫把脸包裹起来，认真清洁。

3 用自来水或温水把脸上的泡沫彻底洗干净。

轻轻把脸擦干

洗脸后，用毛巾把脸擦干！和大人不同，大多数情况下，小朋友们即使什么都不涂，皮肤也一样很光滑。皮肤状态的好坏，我们自己最清楚！

4 洗完脸，用毛巾轻轻擦干脸上的水。

如果觉得皮肤干巴巴或者油腻腻的话……

不要用力擦脸！要用毛巾一下一下轻轻吸干脸上的水！

5 洗脸后可以涂上化妆水和乳液。

※ 冬天为了防止皮肤干燥，需要涂上润肤霜。

小贴士

不要过度洗脸！

不要每天洗很多次脸。油脂具有保护皮肤、避免水分流失和沾上污垢的作用，过度清洁的话，皮肤就会失去油脂。

美美的皮肤我也有

身体调理篇

要同时调动体内的能量，帮助我们拥有美美的皮肤！

睡眠

夜晚是护肤的好时机！

最好每天睡足 9~10 个小时。养成早睡早起的好习惯。

食物

挑食是皮肤的天敌！

一日三餐，营养均衡非常重要。

运动

流汗对皮肤有好处！

流汗可以帮助我们排出身体里的垃圾。

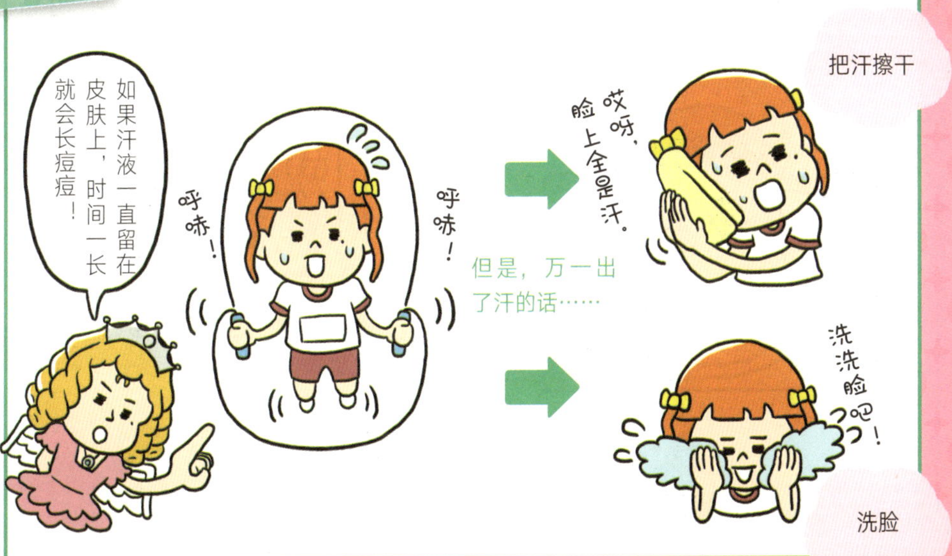

你应该知道的痘痘护理小常识

为什么总是长痘痘呢？

原因 生长期分泌的生长激素会导致皮肤油脂分泌旺盛，把毛孔堵住了！

1 毛孔被堵住了。

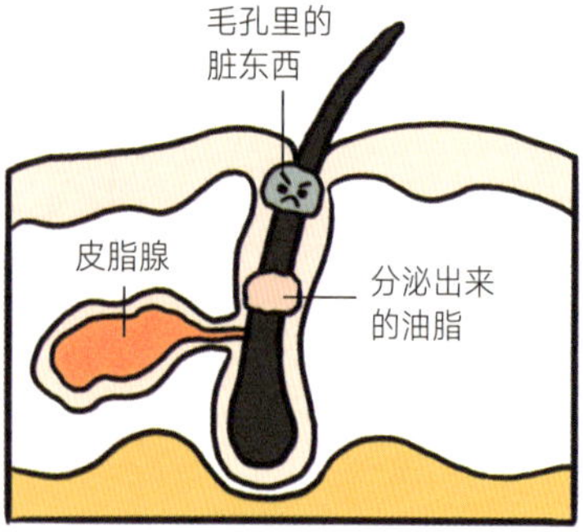

2 “痤疮丙酸杆菌”的数量增加，它是导致痘痘出现的罪魁祸首。

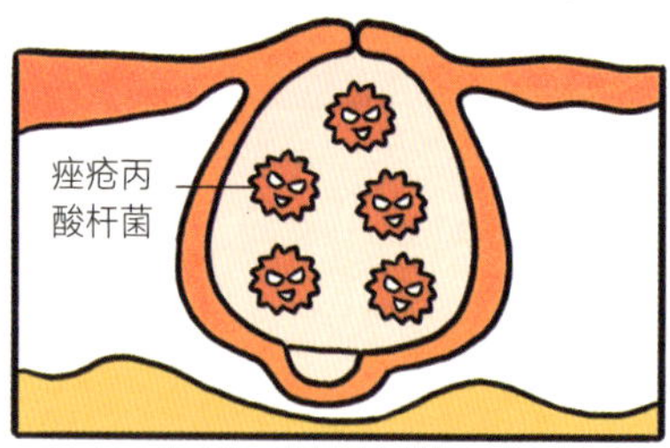

3 引发炎症。

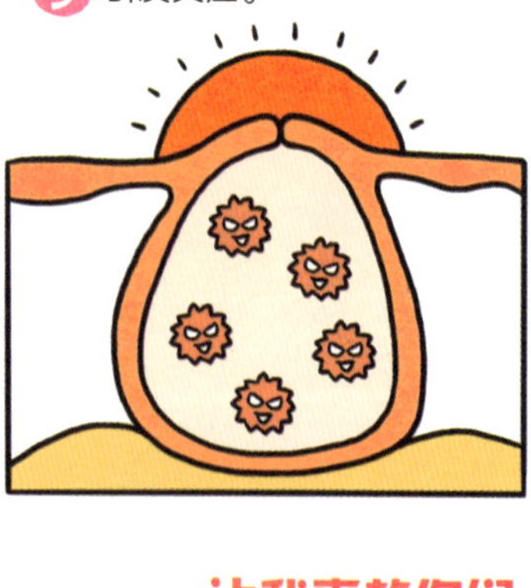

4 长出痘痘。

让我来教你们一些痘痘护理的小常识吧！

护理常识 1 皮肤护理

使用痘痘皮肤专用的洗面奶，按照第 16 页说的方法早晚各洗一次脸。

洗完脸后，涂上痘痘皮肤专用的化妆水和乳液。

护理常识 2 发型的选择

注意不要让头发遮住皮肤。头发上的脏东西有时也会导致痘痘恶化。

护理常识 3 食物

控制油腻食物的摄入，多吃富含维生素的食物。

维生素 A
（鸡肝、菠菜等）

B 族维生素
（大蒜、芝麻等）

维生素 C
（西蓝花、柿子椒等）

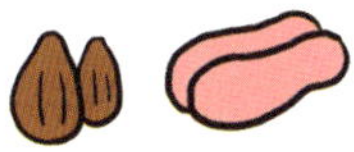

维生素 E
（杏仁、咸鳕鱼子等）

注意

不要用手挤痘痘！这样会在皮肤上留下痘印哦。

看起来像古代的女王似的！
这样也不行！
生气
生气
唉！
嗯，不对，不对……
扔掉
扔掉
好嘞，摘下来看看怎么样。
10 分钟以后
妈妈平时好像就是这样弄的。
我卷……我卷……
为什么怎么都弄不好？
天哪！

你好像对自己的发型不太满意呢。
嗖——
我来啦！
嗖
嗖……
我会帮你梳得漂漂亮亮的，包你满意！
让我看看！
喂！
怎么又是你！
嗯嗯，知道啦。
喂！你离我太近了！
软乎乎
那么，我们就先从最基本的头发护理讲起吧。去把朋友们也叫来一起听听吧！
头发讲座
哦！

头发护理很重要，正确方法要记牢

听了我的每日简单护发小窍门，保证你的头发亮闪闪！

洗发方法

1 洗头发之前，要先用梳子梳一梳。

2 用温水把头发淋湿。

3 用洗发水清洗头发表面。

4 发梢护理。

5 最后用吹风机吹一吹，就大功告成啦！

每一种脸型，都有适合的发型

适合不同脸型的发型建议——

推荐给 标准脸型小美女的发型

推荐这类人选择能够适度遮挡脸部轮廓的发型。

两侧头发较为蓬松的发型。发质较为硬直的人，可以通过修剪营造出空气感。

想要把头发扎起来的话，可以尝试扎在一侧，另一侧稍微垂下几缕头发，重点是营造出一种蓬松的感觉。

这些发型也适合你

前额的头发自然垂下，微偏，重点是露出一部分额头。

面部周围的头发营造出一种轻盈蓬松的感觉。

面部周围剪成碎发，可以让脸看起来显得比较小。

推荐给 鹅蛋脸小美女的发型

脸型偏长的人看起来比较成熟，所以最好有刘海儿！

如果留长发的话，剪齐刘海儿就很好，可以让脸看起来显得更小。

短发也可以很好看。如果纠结留长还是剪短，不如干脆剪个短发试试看。

这些发型也适合你

把头发扎在一侧，给人以清爽利落的感觉。

刘海儿可以让脸部看起来更加紧凑。

用两侧的头发营造出蓬松感。刘海儿稍厚一点。

推荐给圆脸小美女的发型

重点是拉长面部轮廓！

梳波波头的时候，要注意避免搭配齐刘海儿。头顶部分营造出蓬松的感觉就可以了。

长发可以拉长脸部轮廓，也是个不错的选择。弧形的刘海儿可以让人整体看起来更加清爽。

这些发型也适合你

刘海儿自然地横在前额，两侧头发保持蓬松。

脸部两侧留出少量头发，后面扎成丸子头。

多余的体毛怎么办？

老师再见！
好期待野营啊！
喂喂，你俩打算穿什么去？
我要穿妈妈给我买的新裙子！
野营指南
洗澡
锵锵锵锵！
啊？
不要啊！
多不好意思啊！
我才不要呢！

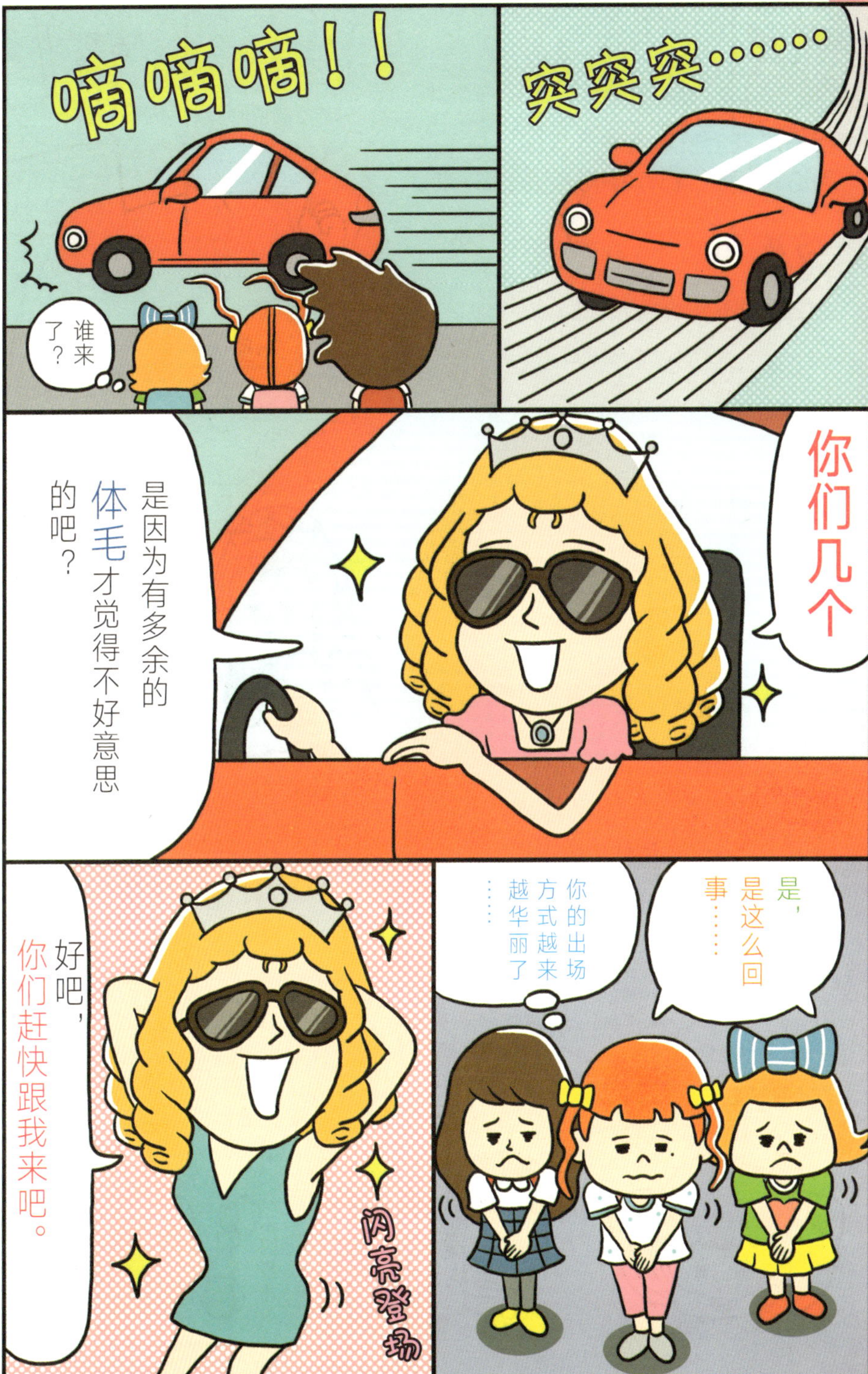
嘀嘀嘀！！
谁来了？
突突突……
你们几个
是因为有多余的体毛才觉得不好意思的吧？
好吧，你们赶快跟我来吧。
闪亮登场
是，是这么回事……
你的出场方式越来越华丽了……

关于体毛的小知识

那么，我们究竟为什么会长体毛呢？

等你们再长大一些，隐私部位也会长出体毛！它们也是有特殊用途的呢。

知识1 体毛的作用

我们的身上长着各种各样的“体毛”。
无论哪一种，都有着很特别的用途哦。

1. 保护皮肤

在受到来自外界的刺激和冲击时保护皮肤。

2. 调节体温

寒冷的时候保温，炎热的时候通过大量出汗来调节体温。

3. 排出体内毒素

体毛脱落时，体内积蓄的毒素也会一起排出体外。

知识2 体毛的神秘之处

如果你以为体毛在任何时间和地点都是以同样的方式生长的，那就大错特错了！体毛是很神秘的呢！

神秘之处1

体毛会大量生长在头部等必须好好保护的地方！

神秘之处2

如果体温持续偏低，为了让身体变暖，体毛会变得浓密！

神秘之处3

鼻毛能够起到过滤器的作用，因此更容易生长在灰尘和污垢较多的地方！

知识3 各种各样的体毛

虽然都叫作体毛，但是它们有的直，有的弯。长在不同地方的体毛，质地和发挥的作用也不一样。

眉毛・睫毛・鼻毛

毛发性质：直直的

作用：防止灰尘和汗液进入眼睛或鼻子里。

手臂上的汗毛

毛发性质：直直的

作用：调节皮肤温度，隔离紫外线，保护皮肤。

阴毛

毛发性质：弯弯的

作用：青春期开始出现。保护阴部。

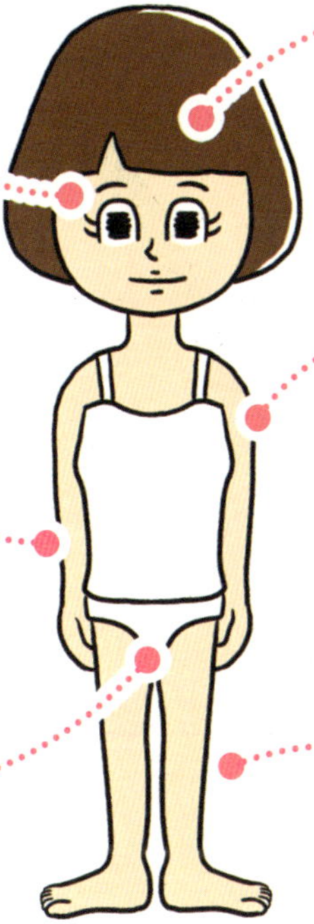

头发

毛发性质：直直的

作用：保护头皮和大脑。

腋毛

毛发性质：弯弯的

作用：青春期开始出现。保护腋下的淋巴结，防止擦伤。

腿毛

毛发性质：直直的

作用：调节皮肤温度，隔离紫外线，保护皮肤。

知识4 毛发的生长原理

为什么毛发被剃掉或者拔掉之后，还会再长出来呢？

毛根
隐藏在皮肤下面的部分。

毛干
在皮肤表面能看到的部分。

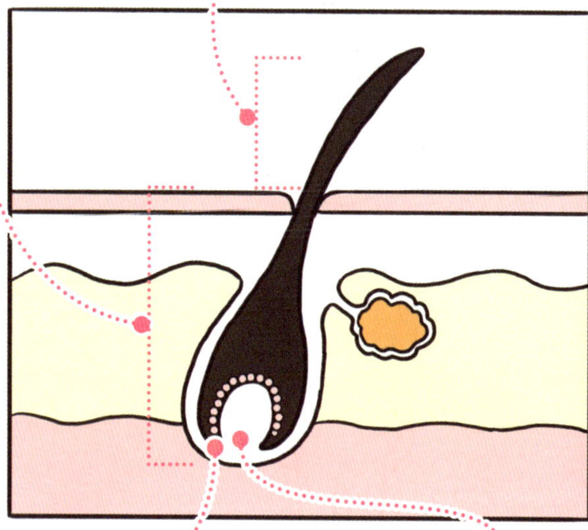

毛母细胞
吸收养分后不断分裂，数量增加，产生毛发。

毛乳头
将养分从毛细血管运送到毛母细胞里。

安全安心

如何使用电动脱毛器

※ 请仔细阅读产品说明书

如果无论如何都想把体毛处理一下的话，推荐大家使用刀刃不会直接接触皮肤的电动脱毛器。

1 确认毛发的生长方向

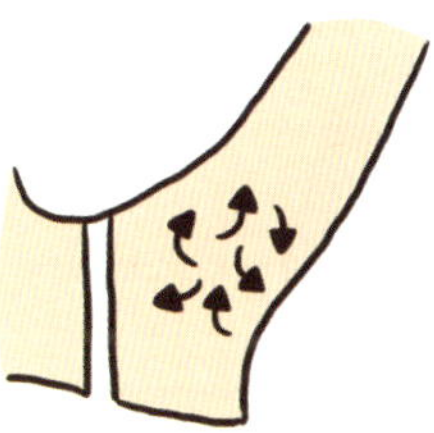

由于电动脱毛器是逆着体毛的生长方向进行脱毛的，因此要首先确认腋毛的生长方向！

2 脱毛

让脱毛器在皮肤上滑动。

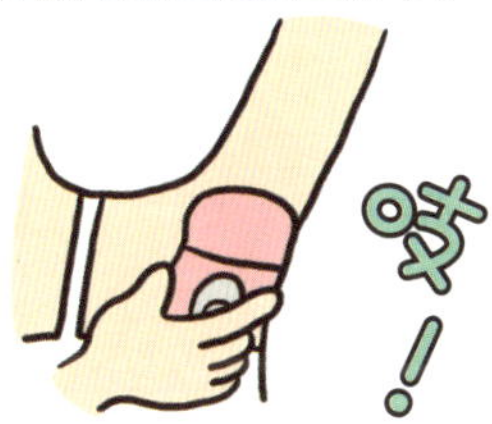

让脱毛器的刀头部分与皮肤保持垂直角度，逆着体毛的生长方向轻轻滑动脱毛器。

3 后续护理

脱毛后的皮肤会变得比较敏感，因此需要用乳液或润肤霜认真保湿。

小贴士

脱毛时，脱毛器不要和皮肤贴得太紧。

即便想要把体毛脱得更干净，也不要把刀头部分用力按在皮肤上！这样容易弄伤皮肤哦。

不要在生理期脱毛。

生理期时皮肤会变得敏感，所以不要在这段时间脱毛。

砰！
洗手间
呜哇！这一天终于来了……
颤颤
巍巍
嘎吱！
妈妈……我想跟你说件事……
祝贺你呀！
嗯……
难道我还没说，妈妈就知道了？
明日香的房间
今晚的月亮真好看。

欸？
笑咪咪
来，这是我送你的礼物！红小豆糯米饭！
我刚才已经吃得饱饱的啦……
你看起来好像不太开心啊。
嗯？
谢谢你。虽然我觉得很开心，但还是感觉心里有点儿不踏实……
虽然对我来说，已经是十几年前的事了……
但是我很理解你的心情。
不要紧！
这种不安会很快消失得无影无踪啦。
现在想象我们坐在一艘大船上！
这是你从哪儿弄来的？

什么是生理期？

一起了解一下女孩子特有的身体结构吧！

生理期用处大

开始出现生理期，就意味着我们的身体已经为将来生宝宝做好了准备！

出现生理期的原因

在女孩子的身体里，有一个孕育小宝宝的地方，叫作“子宫”。子宫会以大概一个月为周期，准备一张孕育小宝宝的“小床”。所以，如果这张“床”没用上的话，时间一过就会被排出体外。

这就是生理期！

生理期是如何形成的？

莫名其妙地感觉身体发沉，开始出血……让我们来看一看，在我们的身体里，究竟发生了什么事情！

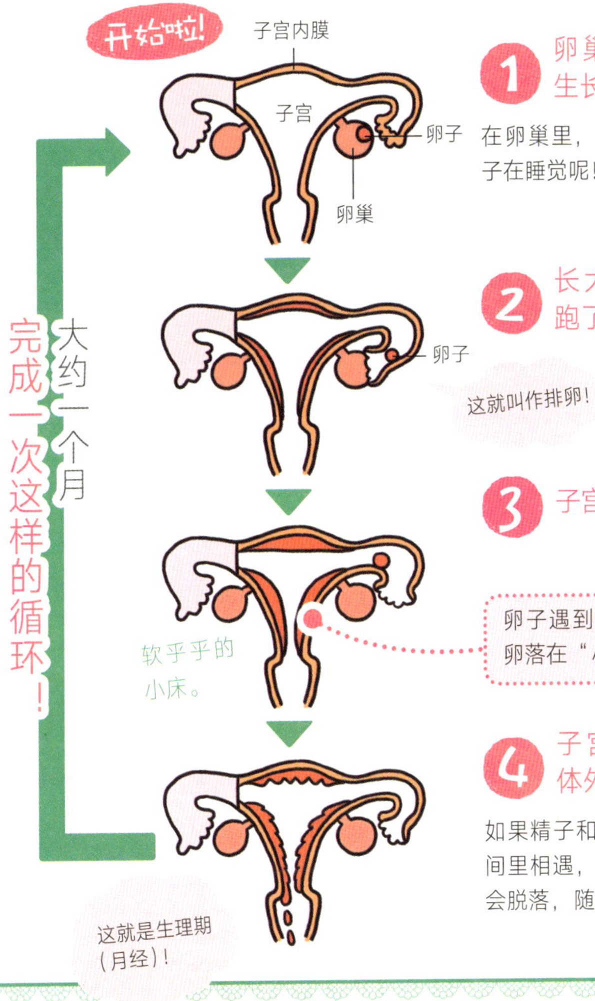

1 卵巢中的一颗卵子开始生长。

在卵巢里，总共有20万~30万颗卵子在睡觉呢！

2 长大了的卵子从卵巢中跑了出来。

3 子宫里的子宫内膜变厚了。

卵子遇到精子，完成受精，受精卵落在“小床”上就会怀孕！

4 子宫内膜脱落后被排出体外。

如果精子和卵子没能在黄体期这段时间里相遇，那么子宫里的“小床”就会脱落，随血液一起排出体外。

如何选择卫生巾和内裤？

现在，你已经知道关于生理期的基本知识了吧？接下来要介绍的，是关于卫生巾的基本常识！

卫生巾的种类

卫生巾有各种各样的尺寸和厚度，我们可以根据经血量和使用的时间段来选择合适的卫生巾。

※ 经血就是在月经时流出来的血。

日用型 夜用型

还会更细致地分为“量多日用型”和“量少日用型”。

夜用型卫生巾长度较长，可以把小屁股也包裹起来。

卫生护垫

发现下体出现白色物质时，可以使用卫生护垫。

在生理期即将到来时使用护垫，可以让我们更安心。

护翼卫生巾

可以牢牢固定在内裤上，活动起来更安心。推荐在运动时使用。

关于内裤

推荐选择卫生巾粘上后不容易移位，也容易将经血等污渍清洗掉的生理期专用内裤。

卫生巾的使用方法

1 打开包装袋，取出卫生巾。

2 确认好前后，然后将背胶贴在内裤上。

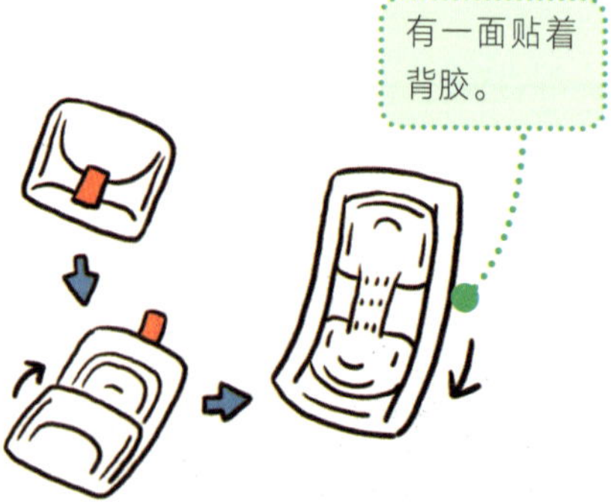

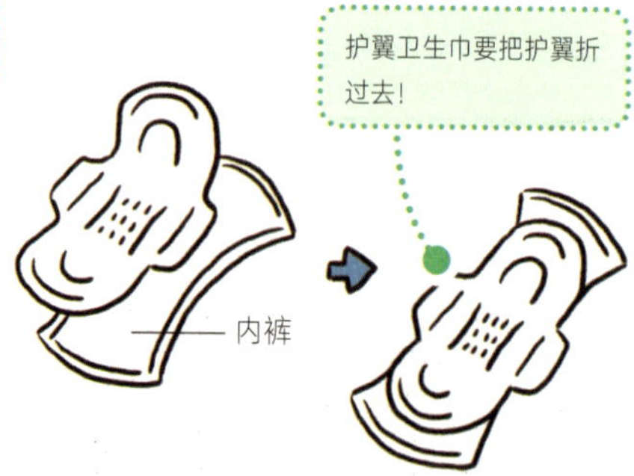

做个文明优雅的小淑女

一起了解一下生理期有哪些礼仪吧！

卫生间的礼仪

❤ 用完卫生间，要仔细查看坐便器，确认是否有被经血弄脏的地方！

❤ 需要丢弃的卫生巾……

将弄脏的一面朝里卷起来。 → 用新打开的卫生巾包装袋或卫生纸把它包起来。 → 扔到指定的垃圾桶里。

生活中的礼仪

❤ 不小心弄脏了内裤的话

用自来水或温水手洗，将污渍洗净后再放入洗衣机。如果污渍很难去除的话，可以使用经期专用内裤清洁剂洗一洗。

每隔3个小时更换一次卫生巾

❤ 身边常备卫生巾

为防备生理期突然到来，最好在随身的包包里放上一两片备用的卫生巾。

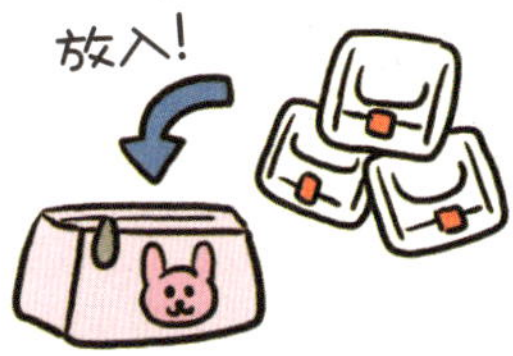

遇到生理期方面的烦心事，可以去找保健老师聊一聊。

推荐 这样做，生理期也能轻轻松松

这里要介绍几种轻松度过生理期的小窍门。

泡个澡 让身体暖起来

在生理期时，更应该泡个澡让身体暖暖的！经血量过大不方便泡澡的话，可以用花洒冲洗，让腰部、臀部和腹部暖和起来。

动起来 让自己换个心情

适量运动可以改善血液循环，也可以让我们的心情变得更好。拉伸运动也是特殊时期的推荐运动哦！

双管齐下 让身体暖起来

喝温热的饮品，天气较冷的时候，在肚子和腰上贴上暖宝宝。

在房间里 营造舒缓的氛围

通过听喜欢的音乐等方式帮助身心放松。

多多摄入铁

生理期很容易造成贫血，因此要尽量多吃含铁量丰富的动物肝脏、蔬菜等食物。

还有很多不懂的地方！

更多生理期知识问与答

一起来消灭关于生理期的不安和烦恼吧！

问题1 第一次生理期是毫无防备地突然到来吗？

答 我们把第一次生理期叫作月经初潮。每个人初潮到来时的情况都不太一样。有的人在初潮到来前的好几天就莫名其妙地觉得肚子有些沉沉的，有的人则毫无征兆地就迎来了自己的月经初潮。

问题2 朋友们都有了生理期，只有我还没有。这真的没问题吗？

答 日本女性月经初潮的平均年龄是12~13岁。但是，因为每个人生长发育的速度不一样，所以有的女孩子直到上高中才开始有生理期。如果觉得担心的话，可以去找保健老师聊一聊。

问题3 一开始就会流出鲜红的血吗？

答 虽然每个人的情况不太一样，但是很多人一开始都是看到内裤上沾上了深褐色的污渍，而被吓了一大跳。也有人在月经初潮之后几天，还一直流深褐色的血呢。

问题4 月经初潮到来后的半年时间里，有的月份没有生理期。

答 生理期刚开始的那段时间，由于体内的激素水平还不稳定，因此周期也不是很稳定。可以试着在日历上记录下生理期到来的日子，用这种方法来观察自己的生理周期。

问题5 生理期快要来的时候和生理期那段时间，我总是觉得晕晕乎乎的，还有点儿困。

答 生理期会觉得困，据说是激素平衡被打乱了的缘故。推荐大家做一些轻柔的运动和拉伸来摆脱困意！

问题6 每到生理期，脸上的痘痘就会变严重……是只有我会这样吗？

答 在激素水平还不稳定的十几岁孩子当中，因为生理期的痘痘问题而烦恼的大有人在。随着身体不断发育，体内的激素水平逐渐稳定下来，痘痘就会逐渐减少了。

问题7 每次生理期，我的肚子都特别疼。这是一种病吗？

答 生理期的疼痛因人而异。特别严重的疼痛，我们把它叫作“月经不调”。如果吃了止痛药仍然不管用的话，一定要告诉家长，让家长带着你去医院找妇科医生看一看。

藏在气味里的秘密，你发现了吗？

哇哦哦哦哦哦……扑嗒！
我用翅膀帮你们把臭味扇走吧！
扑嗒！
啪嗒！
坏了！我把风的强度弄错了！
！
怎么回事？怎么回事？？
不要哇！
呼——
10 分钟以后
嘎嘎！
我说，小天使小姐，拜托你不要做这么危险的事！
对不起，对不起！我正担心你们呢！
我只是想帮你们把臭味扇走！
真的？
我们真的有那么臭吗？

身体散发出的气味，你在意吗？

体味究竟是怎么产生的呢？

体味的用途

据说，体味可以用来吸引异性。

体味的特点

❤ 人与人之间差别巨大

据说，与欧美人相比，日本人的体味较弱，而女性的体味又比男性更弱。

❤ 人们会习惯某些体味

如果人持续闻某一种气味，时间久了，就会习惯那种气味。我们之所以对别人的体味敏感，却对自己的体味毫无察觉，就是这个原因。

体味产生的原理

体味的本质，是汗液、皮脂和杂菌。

汗液、皮脂 ⇨ 在细菌的作用下分解、氧化 ⇨ 分解的气味 氧化的气味

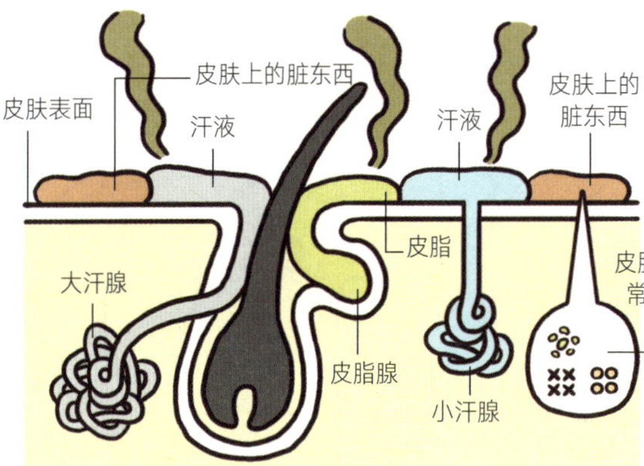

皮肤上有着各种各样的杂菌，皮脂腺分泌出来的皮脂和汗液会在杂菌的作用下分解，进而产生气味。

两种汗液！！

在我们的皮肤上，有分泌皮脂的皮脂腺和分泌汗液的汗腺，其中汗腺又包括“大汗腺”和“小汗腺”两种。

小汗腺

来自小汗腺的汗液水分充足，清清爽爽的。分布在全身，尤其是掌心和脚底。

大汗腺

来自大汗腺的汗液通常都是黏黏的。一旦经过杂菌的分解，就会散发强烈的气味。它会出现在我们的腋下、性器官周围、耳朵周围等特定的位置。

哪些地方容易散发体味？

我们的身体上，有体味较重的地方，也有体味较轻的地方。

体味 头部

皮脂腺分泌出来的皮脂和皮肤产生的废物与头皮上的细菌结合，会产生气味。

体味 腋下

我们的腋下有大汗腺。我们通常所说的“狐臭”，就是指腋下大汗腺过多，体味较重的情况。

体味 脚部

我们的脚底拥有大量的小汗腺。整天穿着鞋袜的话，细菌在这里繁殖，就会产生气味。

体味 口腔

口腔内唾液变少的话，就会产生气味。早晨起床或者感觉紧张的时候，口腔分泌的唾液量变少，嘴里就会有口气。

小贴士

体味可以反映我们的健康状态。口气和体味并不是一成不变的。体味变重可能就是我们身体生病的信号哦。大家也试着检查一下自己的体味吧。

这样做就没问题啦！

预防体味的方法

想要让体味变轻，做好清洁是最重要的！

护理方法 1 认真擦汗。

出汗要马上擦干。出汗时勤换衣服，选择透气性好的衣服也很重要。

护理方法 2 准备两三双鞋换着穿。

如果每天都穿同一双鞋的话，鞋里会残留湿气，细菌也有了繁殖的温床。因此至少要准备两双鞋换着穿。

护理方法 3 改善体内环境！

注意不要摄入太多含有大量动物蛋白和脂肪的食品，比如肉类、黄油、生奶油等。它们都是体味产生的原因。

选出适合自己的文胸

冰激凌真好吃！
嗯嗯，冰激凌是世界上最好吃的东西！
吃一个都不太够呢！
喔！
咦？小舞，你……你买文胸了？
嗯，前几天跟妈妈去逛街的时候买的。你们两个也赶快去买吧，很有必要哦。

嗖——
你们是不是觉得自己离穿文胸还远着呢？
那你们恐怕就落后了哟。
我们还是小孩子呢。
不要，没到时候呢。
就是就是，没必要买。
喂！难道我们已经到那个岁数了？
我本来以为还要很久很久才会变成大人呢……
快来呀！快来呀！
通向大人的阶梯
ブラ
ブラ
不是，不是……
首先，要从了解自己的胸部尺寸开始。
尺，尺寸？

推荐给小女生的几款文胸

为什么必须穿文胸呢？

胸部发育是成长的标志

随着我们的成长发育，女孩子的身体会变得圆润，胸部也会开始发育。胸部觉得隐隐有些疼和痒的时候，就需要文胸来帮助我们啦！

穿上文胸之后

文胸可以帮助我们把变大了的胸部托得稳稳的，这样一来，我们就可以自由自在地活动啦！

即使乳头蹭到了衣服也不会感觉到疼！

不需要含胸驼背，要挺直腰杆！

体会到长大成人的心情！

胸部的发育

第一步 1 萌芽阶段

只有乳头附近开始膨大。这时候胸部会觉得痒痒的，还可能有点儿像针扎一样的感觉。

第二步 2 开始变大

胸部整体变大，运动时可以感觉到晃动。

第三步 3 开始变圆

胸部变得圆润立体，出现乳房的轮廓。形状接近大人的乳房。

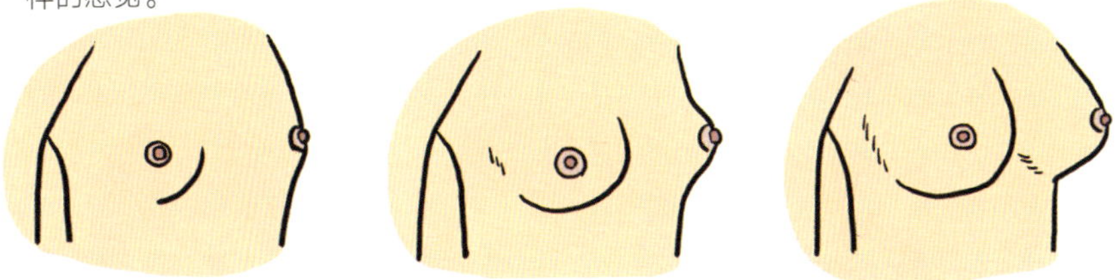

如何测量胸部的尺寸

※ 上下胸围相差超过 5cm，就需要穿文胸啦。

一目了然！有请文胸出场❤

什么时候开始穿文胸，与年龄和年级无关，而是由胸部的发育状况来决定的。下面这张图可以帮助我们了解开始穿文胸的最佳时机。❤

开始吧

最近脸上的痘痘越来越多了。

是的。

乳头经常蹭到衣服。

不是。

被家里人说“你是不是长胖了”。

单穿一件 T 恤的时候，能发现胸部有两个小点点凸出来。

乳头出现刺痛。

参加俱乐部，
需要每天运动。

注意到胸部开始微微隆起。

试试 少女文胸！

可以从质地柔软、能够包裹住整个胸部的少女文胸开始尝试。

试试 运动文胸！

可以尝试跑跳自如，感受不到胸部晃动的运动文胸。

穿上 背心式文胸去运动！

如果注意到了自己胸部的发育，但是又觉得穿文胸还有些太早的话，可以试一试背心式文胸。

可以稍微 早一点开始穿文胸！

只要有兴趣，就可以试一试哦。

文胸的构造

文胸可以帮助我们拥有完美的胸型。让我们先来了解一下文胸都包括哪几个部分吧！

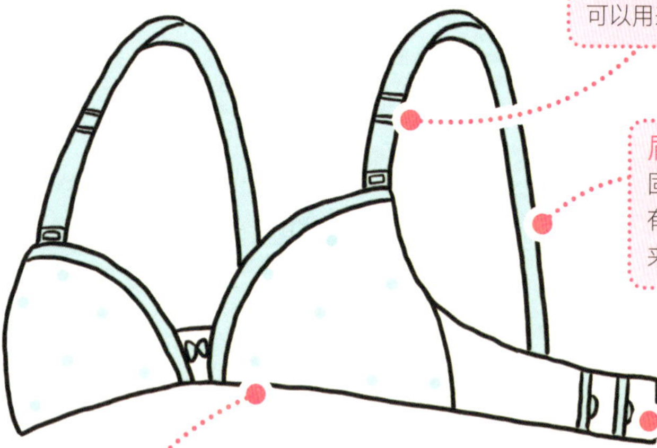

调节扣
可以用来调节肩带的长短。

肩带
固定在肩上的带子，还有一种可以把肩带取下来的无肩带款式。

罩杯
能够稳稳地支撑胸部。最好选择能刚好贴合我们胸部下缘的罩杯！

背扣
起到固定文胸的作用。一般来讲，背扣都位于背部的中间位置。也有一种前开式的文胸，扣子在胸前正中间的位置。

文胸的正确穿法

1 身体微微前倾，将胸部放入罩杯当中。

2 上半身挺直，系好背扣。

3 调节肩带的长度。

4 上下活动双臂，确认文胸不会脱落！

要点

确认胸部的肉肉不会从罩杯里跑出来！如果发现胸部向外跑，可以把手伸到罩杯里调整一下。

减肥，究竟有没有必要？

哈啊啊啊！
呼呼呼呼！
你怎么了？
怎么一点儿都没吃啊？
唔……嗯……我正减肥呢。
减肥？
为什么啊？
完全没必要啊！
你现在这样子很可爱啊！
你们这些瘦子，根本不能理解我的心情！

骨碌碌！
咻溜！
咦？是小天使你啊？
你怎么会从桌子里掉出来呀？
我好不容易才睡着的……
嗖——
哇，变大了……
虽然你绝对不算胖，但是我很理解你的心情。
欸？
现在，你们正处在体型发生变化的时期呢。
你，
你，
还有你！
你这话是什么意思啊？
喂喂喂！

青春期 女孩子的身体变化

大约从小学高年级开始，女孩子的体型会发生一些变化。我们把这段时间（10~16岁）叫作青春期，从这时开始，我们的身体准备要发育成一个大人啦。

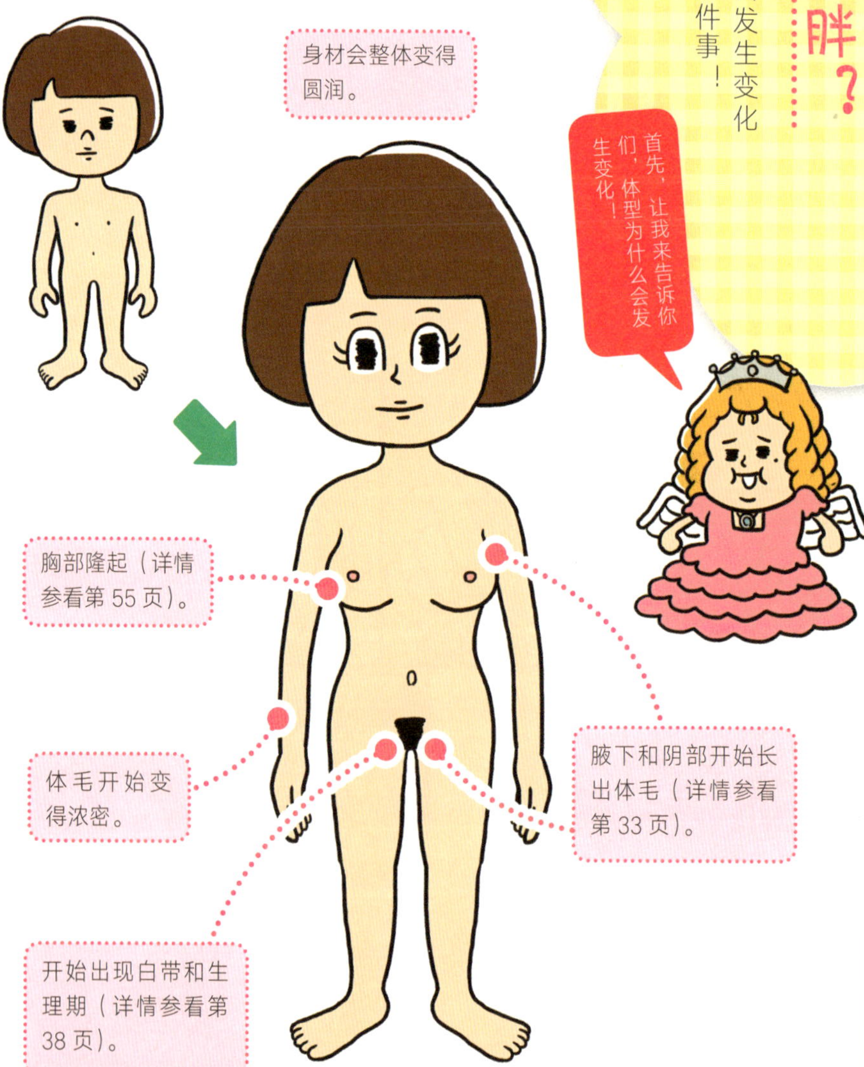

为什么会变胖？

到了青春期，体型也会发生变化吗？我们需要正确认识这件事！

青春期变胖的原因之一

大约从小学高年级开始，我们体内女性激素的分泌量会忽然增加，体重也会随之增加。

青春期变胖的原因之二

上中学以后，很多人因为参加俱乐部活动或者去上补习班，晚饭比原来吃得晚了。生活节奏发生变化也是我们变胖的原因之一哦。

青春期减肥的特别注意事项

青春期减肥，一定要多加小心！

青春期的减肥陷阱

危险信号 1 生理期不再出现了！

满足下面①~③当中的任何一条，都有可能导致生理期不再出现（月经失调）。

1年之内

①体重减少 5~10kg。

②体重在原来的基础上减少 10% 以上。

③体内脂肪含量降到 15% 以下。

比如说，一个原本体重 45kg 的孩子，如果体重在一年之内下降到 40kg 以下，就要引起注意了。

危险信号 2 变得很容易骨折！

女性激素也会对我们的骨骼产生影响。一旦骨密度降低，就会容易骨折，所以要特别引起注意。

做个健康美人

这里要介绍一些健健康康就能变瘦的方法哦。

安心减肥法

饮食方法

这种方法适合一旦不吃饭就会代谢变差、很难变瘦的体质。要注意一日三餐的营养均衡。

吃太快就会导致吃太多。
要细细嚼，慢慢咽。

饮食以传统的日式饮食为主！比起拉面、面包什么的，我们最好选择让我们更容易把热量消耗掉的食物！

控制点心、蛋糕、果汁的摄入量。

日常生活中的减肥方法

可以试着在日常生活中加入一些运动。肌肉变多了，也会更容易把热量消耗掉。

平时骑自行车去的地方，改成走路去。

在车站，尽量走楼梯。

如果养了宠物的话，每天由你带它出门遛一遛。

无压力减肥法

如果过度关注体重、热量之类的数字，反而会给自己造成心理负担。减肥时不要纠结这些事。

偶尔放纵减肥法

想吃什么就吃，第二天再进行调整。

大笑减肥法

利用大笑消耗热量！

午觉减肥法

睡得太投入了！

清清爽爽
咔嗒！
哇！我们的『女人味』也越来越浓了呢！
干干净净
闪闪亮亮
你们三个都比我刚认识你们的时候更漂亮啦！
是因为越来越自信了……
嗯？真的吗？
你是说……我变得越来越可爱了？

我有一种很不错的预感！
唔唔唔？
欸？
预感？
什么预感啊？
大受欢迎的预感！
一定没错的！
预感
像锦鲤那样？
化个大浓妆行吗？
受欢迎会给我橘子吗？

哼！
我要收回我的预感！
提升『女人味』，你们还得再加把劲儿才行啊！好吧，言归正传，你们还得跟更有『女人味』的女孩子学习学习。
比如像我这样的！
女性魅力排行榜
加油！加油！
哈？你很有『女人味』吗？
女性魅力提升之路
跑步前进！

第2章

我想有个小特长

爱心甜点大作战
叮咚！
做点儿什么好呢？
做点心真有意思。
嗯，嗯。
做好啦！
砰
我们的也做好啦！
去送给喜欢的同学喽！
哎呀呀，好紧张啊！
啪嗒！啪嗒！啪嗒！

那个……小隆同学……
请收下吧！
给你！
哦，谢谢啊。这……是个棒球手套吗？
呃……其实我做的是松糕……
哇！是个UFO！
呃……我做的是铜锣烧……
好棒啊！
这是个巨型惠方卷吗？
这是蛋糕卷。
我们几个
好像不太擅长做甜点啊。
伤透心了
几位小公主，你们是在为做甜点的事发愁吗？
看爸爸的吧！我可是专业甜点师哦。
戴上厨师帽
原来你爸爸是甜点师呀！
是，是啊。
嘿嘿！

一招制胜的巧克力甜点

咱们一起做一个既可爱又美味的巧克力甜点吧！

大家一起做！

可爱的巧克力甜点

材料：巧克力 1 块、蛋糕粉 4 大勺、牛奶 1 大勺。

1

将巧克力和牛奶放入小碗中，隔着的大碗中倒入热水使巧克力融化。

2

然后加入蛋糕粉，搅拌均匀。

3

将②完成的混合物摊成一个个圆形，在烹饪托盘上摆好。

还可以做出很多不同的形状哦！

4

烤箱预热到 170 摄氏度左右，烤制 12~15 分钟就做好啦！

※ 烤箱需要预热 15 分钟左右。

包装也要漂漂亮亮

给亲手做的爱心甜点再配上一个可爱的包装，就万无一失啦！

材料：包装纸、礼品纸、丝带、绳子、纸盒、纸胶带、和装饰性贴签等。

各种各样的包装 1

1

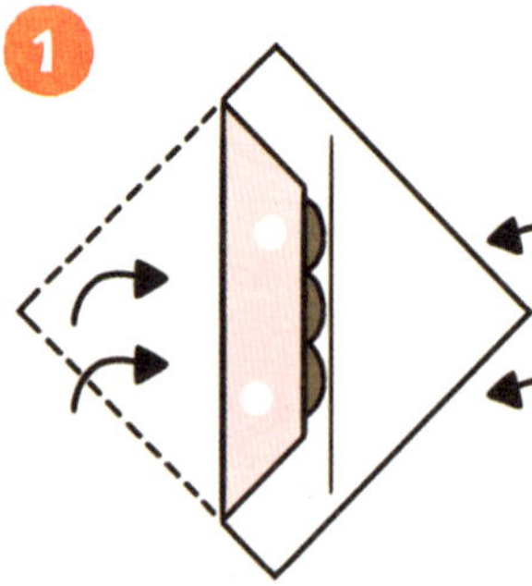

把甜点用礼品纸包起来!

2

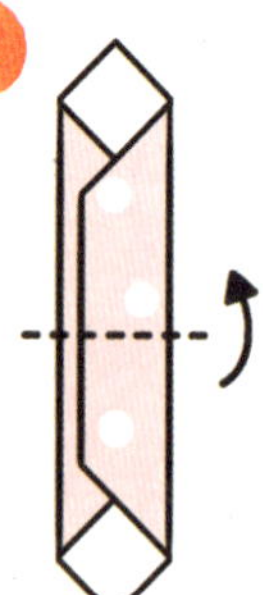

3

包好后，用丝带或绳子把封口处扎起来。

要点

对于包装物的大小和形状没有严格的要求，即使手不那么巧的人也可以轻松完成!

各种各样的包装 ②

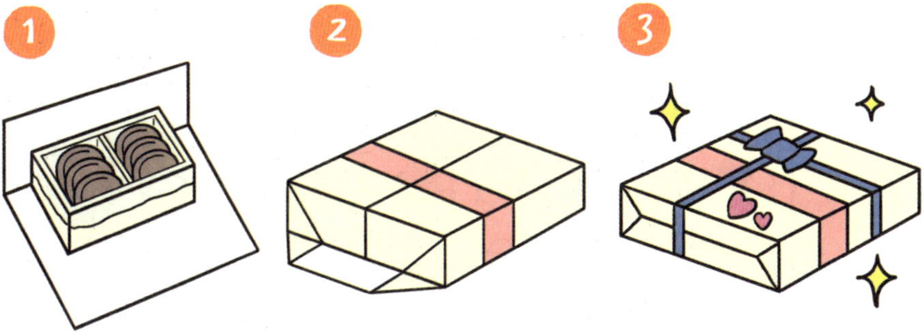

将甜点放在盒子里，再用包装纸包起来。采用最简单的包装方式就可以了。

包好后，在最外面系上丝带，或者贴上纸胶带和装饰性贴签等。

要点

一定要选择颜色比较鲜艳的包装纸或者丝带，以便给对方留下深刻的印象。

鼓掌
鼓掌
完美的巧克力出炉啦。
接下来应该会很顺利吧！
一定的！一定的！一定会超顺利！
哇
我说，你把这个送给别人时，如果再附上一张可爱的小卡片，感觉可能会更好哦。
好主意！
那你帮我在上面画一些可爱的小插画吧。
不愧是大姐姐！
什么？插画？
我不会画啊。
好！
这样吧，咱们都来试着画一画，练习练习。
画呀
画呀
画好啦！

我喊一、二、三，然后咱们一起把画亮出来！
当当当当！
小绵羊
啊！
小猫
小猪
你们别笑了。
你俩画得也太难看了。
大家画得都不怎么样啊。
哈哈哈哈！
咚咚咚！
欸？是，是谁啊？
你们好！
初次见面！
画画我也不擅长，所以我给你们请来了一位老师。
你是谁啊？
是干什么的？
这个人？
多谢多谢！

动手画一些可爱的插画吧

只要掌握了基本技能，就能轻松画出可爱的插画啦。

第1课 学画各种线条

学会画各种线条，就可以把它用作信件和卡片的边框，还可用作做笔记时候的线格啦！

※ 本书的插画作者大野老师

虚线

点线

滚滚线

波浪线

折线

星形线

在拐角处画上花朵、星星或者圆圈。

第2课 装饰文字

对文字进行装饰，也可以让画面更可爱哦。

加粗文字

非常感谢您

波点文字

非常感谢您

空心文字

非常感谢您

“葫芦串”文字

非常感谢您

带阴影的文字

非常感谢您

其他类型的装饰

非常感谢您

非常感谢您

非常感谢您

非常感谢您

非常感谢您

非常感谢您

第3课 画出各种各样的脸

我们平时会用到很多可爱的表情图案。只要在一个圆圈里画上眼睛和嘴，就变成一张可爱的小脸啦。

第4课 试着画一个小女孩吧

利用上节课画出的小脸，试着画一个小女孩吧。

标准的女孩子

各种各样的发型

各种各样的衣服

娃娃衫和短裙

T 恤和裤子

带图案的连衣裙

我想唱歌更好听

啦啦啦 哩哩哩……
谢谢！
哗哗哗。
真好听！是全世界最好听的。
用歌声向世界表达感情，让世界充满歌声！大家一起唱歌吧！接下来请欣赏歌曲《假睫毛》。
耶！
鼓掌鼓掌
假睫毛！
假睫毛！
耶！
耶！
啊啊啊，实在太难听了。这唱的都是什么啊？
嗓子好干啊！
点歌器
不好意思啊，我们唱得不太好。下一首！
今天是唱卡拉OK的日子，你也唱一个吧。
丁零零！丁零零！
啊，好的好的，还有10分钟是吧？

第50届红白歌会，红方的王牌就是这位！红方的胜利就全靠她了！
啪！
啪！
那……那我就唱一首吧。
啪！
啊哩哩……哦啦啦……
!!
咦……
唱完了吗？
哐当！
原，原来是这样啊……
歌曲可以表达我们的内心感受！只要掌握好要点，就一定可以唱好！
没关系没关系！
真的吗？

选择适合自己的歌曲

想要卡拉OK唱得好，选择适合自己的歌曲很重要。

什么样的歌曲适合你？

开始测试

1 你是不是嗓门儿很大？

是的→③　　不是→②

2 你经常被别人评价声音可爱或者声音很尖厉？

是的→④　　不是→⑦

3 你是不是喜欢在唱歌的同时加入一些动作？

是的→⑤　　不是→⑥

4 你觉得自己是不是感情表达很丰富的人？

是的→⑨　　不是→⑦

5 你是不是对新的歌手和乐队十分了解？

是的→⑦　　不是→⑨

6 你是不是一个希望引人注目的人？

是的→⑧　　不是→⑦

7 你是不是很喜欢爸爸妈妈选的那些老歌？

是的→B 类型　　不是→A 类型

8 比起独唱，你是不是更喜欢和大家一起唱？

是的→A 类型　　不是→C 类型

9 如果可以的话，你是不是想静静听自己唱歌？

是的→D 类型　　不是→B 类型

类型 A　可爱的元气少女型

节奏明快的歌曲更适合你哦，可以选择一些能够调动全场气氛的歌。

类型 B　充满力量的成人类型

沉稳大气的歌曲更适合这一类型的人，一些男性歌曲也可以唱得很好。

类型 C　温柔的治愈型

适合选择具有可爱声线的偶像歌手的歌，也适合选择一些忧伤的歌曲。

类型 D　端庄的淑女型

推荐这类人选择安静的歌曲，也可以试着挑战一些更成熟的歌曲。

我要做K歌之王

想要唱卡拉OK得高分，有什么秘诀吗？下面，我们就以《友谊地久天长》这首歌为例，来看一看其中蕴含的诀窍吧。

唱歌前……

1 发出声音要靠全身的配合。唱歌前，要拉伸肩部、颈部和背部的肌肉，让全身放松。

2 如果唱不了那么高的音，可以在开始唱歌前调低音调。

3 需要注意的是，如果在唱歌过程中麦克风一直离嘴非常近的话，机器就会认为你一直在用非常大的声音唱歌。根据实际情况适当调节麦克风的远近，能提高最终的得分！

《友谊地久天长》

怎能忘记旧日朋友，
心中能不怀想，
旧日朋友岂能相忘，
友谊地久天长。

开头非常安静！！
这一小段是十分安静的氛围。需要把麦克风拿远一点儿，选择“较小”的音量。

友谊万岁朋友，友谊万岁，（在这里换气！）
举杯痛饮，同声歌颂，（在这里换气！）
友谊地久天长。

这里是高潮！
得分要点：把麦克风拿近一点儿，让声音变大。

在正确的位置换气！
不要忘记在正确的位置换气哦。

我们曾经终日游荡，
在故乡的青山上，
我们也曾历尽苦辛，
到处奔波流浪。

要点同开头！

会一种乐器多酷哇

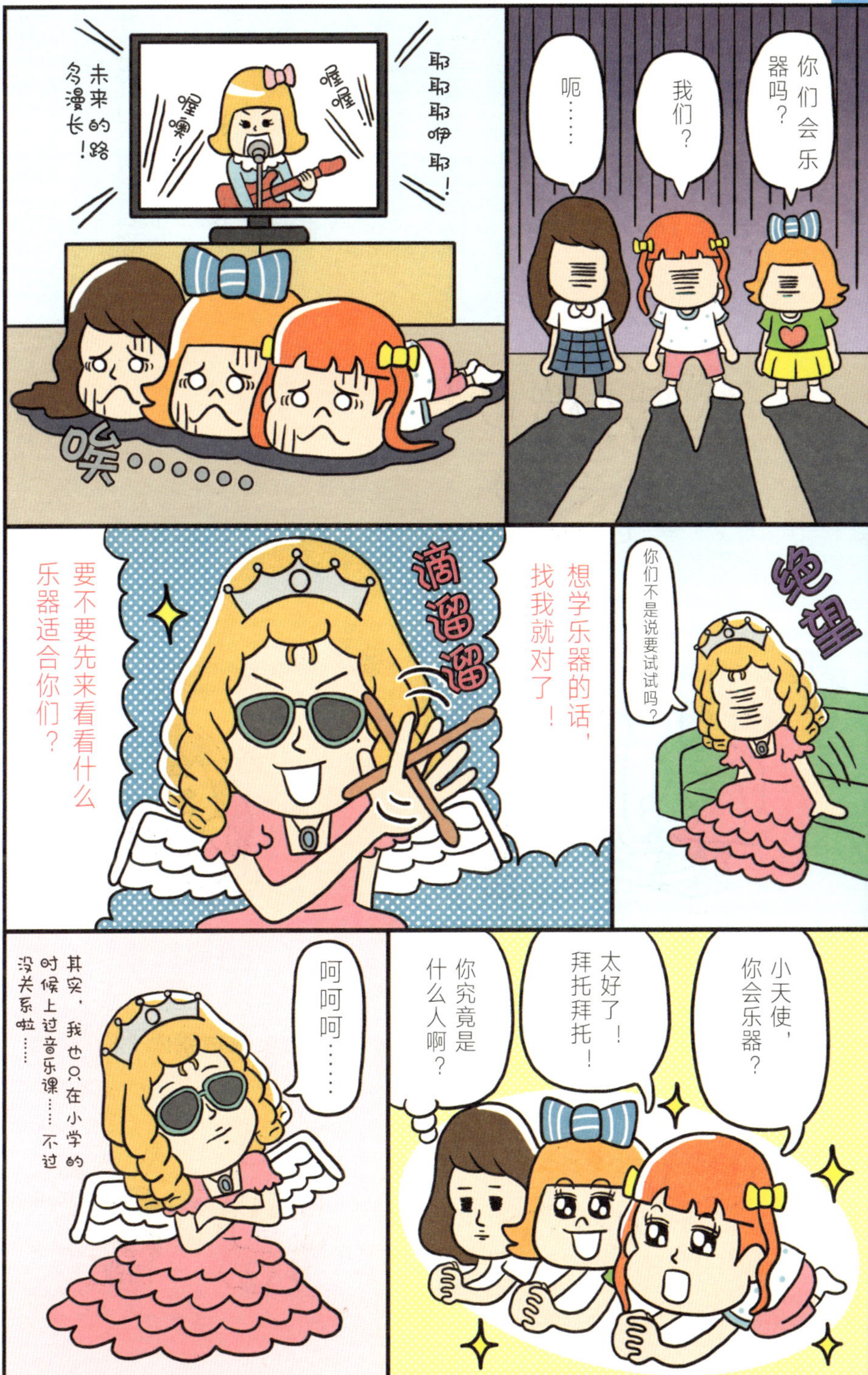

喔喔！
喔噢！
耶耶耶咿耶！
未来的路多漫长！
唉……
你们会乐器吗？
我们？
呃……
滴溜溜
想学乐器的话，找我就对了！
要不要先来看看什么乐器适合你们？
绝望
你们不是说要试试吗？
小天使，你会乐器？
太好了！拜托拜托！
你究竟是什么人啊？
呵呵呵……
其实，我也只在小学的时候上过音乐课……不过没关系啦……

哪种乐器适合你？

什么样的乐器适合你呢？

哪种乐器最适合你？

首先要找到最适合自己的乐器！

开始测试♪♪

1 喜欢引人注目。

是的→② 不是→③

2 手指很灵活。

是的→⑦ 不是→⑤

3 属于什么都喜欢试一试的类型。

是的→② 不是→④

4 一旦做出决定，就会马上开始行动。

是的→⑤ 不是→⑨

5 经常一不留神就成了团队中的领导人物。

是的→⑥ 不是→⑧

6 经常就某个问题展开深入的思考。

是的→钢琴　　不是→吉他

7 有时候会觉得紧张不安。

是的→⑥　　不是→钢琴

8 经常被人评价很有个性。

是的→鼓　　不是→吉他

9 记忆力还不错。

是的→⑤　　不是→鼓

最适合你的乐器是

钢琴!

钢琴既可以独奏，也可以与其他乐器配合演奏，还可以用来伴奏，用途非常广泛。无论是喜欢引人注目的人，还是喜欢低调一些的人，都十分适合!

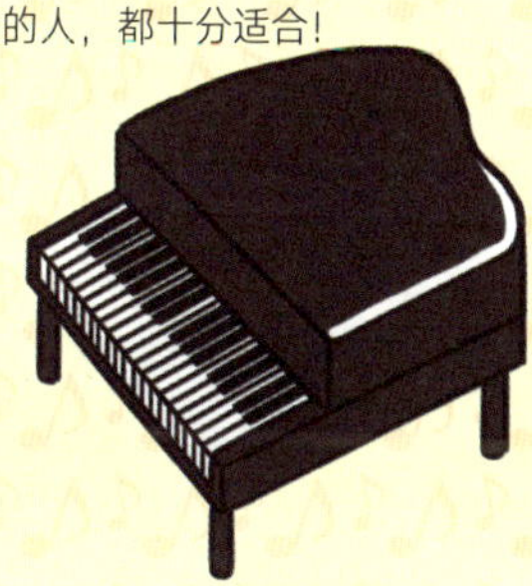

最适合你的乐器是

吉他!

吉他尤其适合希望引人注目的人！即便是手指不那么灵活的人也能轻松驾驭!

最适合你的乐器是

鼓!

鼓是舞台上的无名英雄。虽然大部分时间里都处于靠后的位置，但鼓确实是整场演出当中不可缺少的重要元素。鼓也有机会单独表演哦!

试试弹钢琴吧

即使没真正学过钢琴，也可以弹出一两首简单的曲子哦！

试试名曲《献给爱丽丝》吧！

弹钢琴之前……

首先记住左右手每个手指的序号。

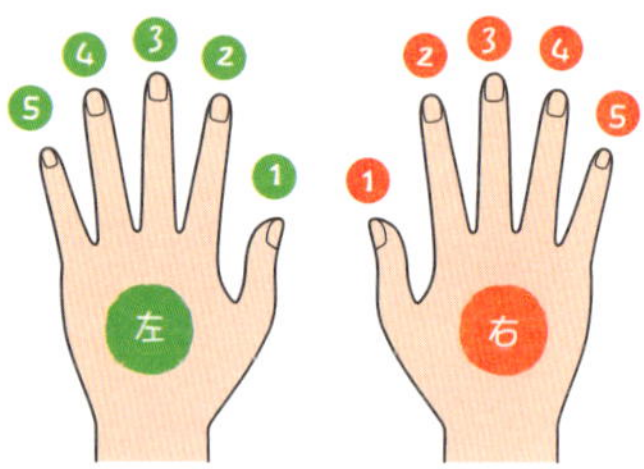

1 用右手弹

只要记住基本的旋律就可以啦！

第1步

mi	re#	mi	re#	mi	si	re	do	la

基本旋律 A 是

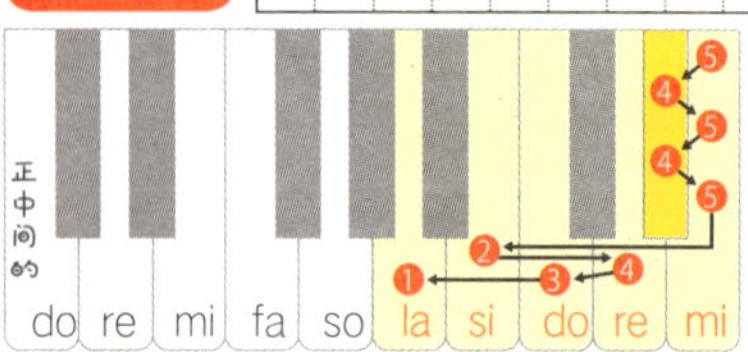

第2步

do	mi	la	si

基本旋律 B 是

第3步

mi	so#	si	do

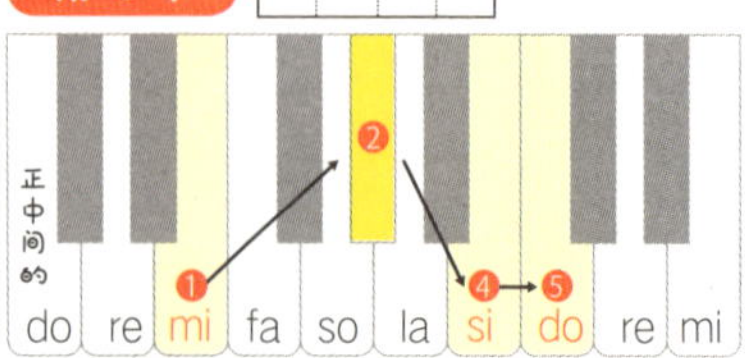

降一度的 mi

第4步 | mi | mi | re# | mi | re# | mi | si | re | do | la | mi + 基本旋律 A

第5步 | do | mi | la | si | 就是基本旋律 B

第6步 | mi | do | si | la |

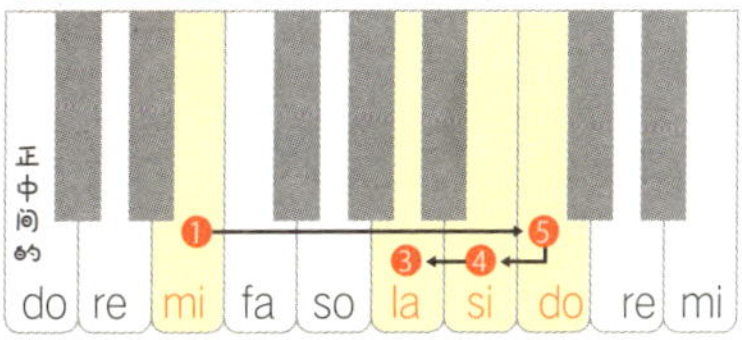

2 用左手弹

左手只要记住下面这段旋律就可以啦。

第1步 | la | mi | la |

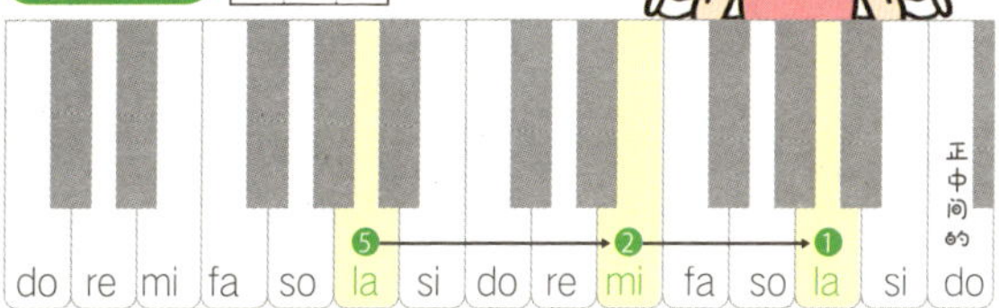

第2步 | mi | mi | so# |

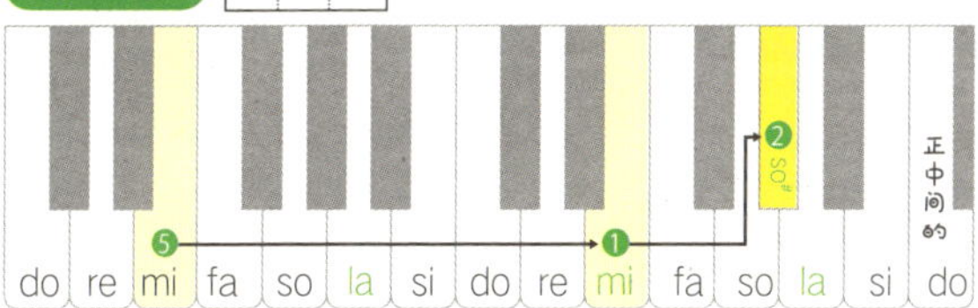

3 双手一起弹弹看

只要掌握好配合的时机就可以啦。

右	mi	re#	mi	re#	mi	si	re	do	la		
左									la	mi	la

右	do	mi	la	si		
左				mi	mi	so#

右	mi	so#	si	do		
左				la	mi	la

右	mi	mi	re#	mi	re#	mi	si	re	do	la		
左										la	mi	la

右	do	mi	la	si		
左				mi	mi	so#

右	mi	do	si	la		
左				la	mi	la

挑战超酷的乐器

你是不是以为自己完全玩不了吉他或者鼓？其实只要掌握了窍门，你也可以的！

挑战 最近受女孩子欢迎的吉他！

弹吉他之前……

弹吉他之前，要先调音。 调音需要使用专门的调音器。

1 从上到下，一根一根地拨动琴弦。

左手完全空置时，琴弦从上到下依次是E（mi）、A（la）、D（re）、G（so）、B（si）、E（mi）。

2 用左手按住合适的品，就可以发出声音了。

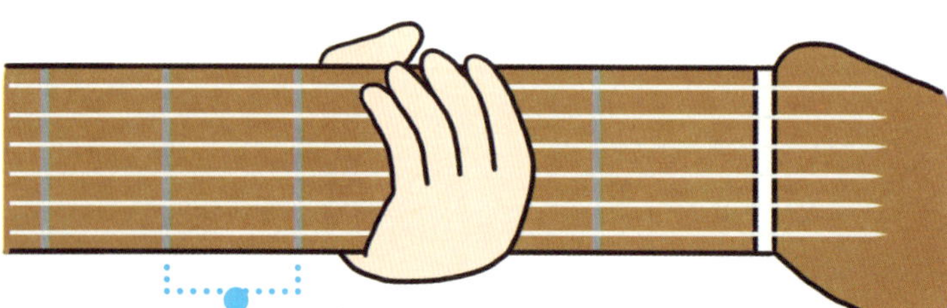

即使发出了奇奇怪怪的声音也不要太在意！

这个位置就叫作“品”。

3 试着同时弹出两个以上的音（和弦）。

左手先什么都不按，拨动所有的琴弦！

4 尝试弹出和弦。

所谓和弦，是指按照一定的规则，把和弦音用符号标记出来。

虽然和弦有很多种，但是下面这几个是最适合初学者的和弦！

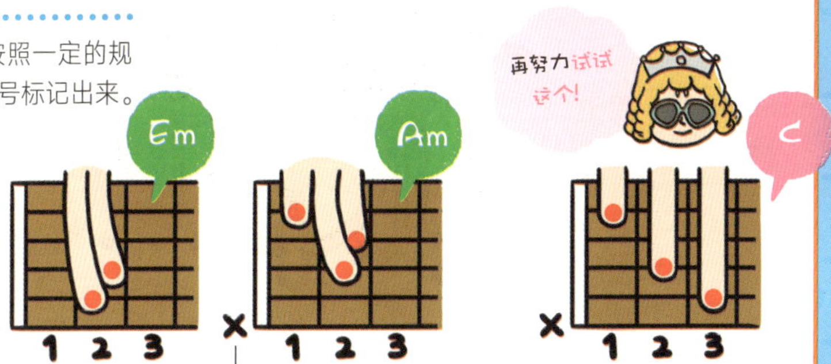

└不要拨动标记着“×”的弦

重复这三个和弦，只要改变它们的顺序，就可以弹出专业吉他手的感觉！

C → Em → Am → Em → C

假装专业人士，挑战敲鼓

鼓是舞台上的无名英雄。
责任重大。
而且敲起来很帅哟。

这是架子鼓！

吊镲
可以发出巨大的“当当”声音。用于敲击重音。

踩镲
两片一组。用于表现细微的节奏。

军鼓
与低音大鼓配合，负责表现主要的节奏。声音特别大。

中鼓
声音比军鼓低，比落地鼓高。

叠音镲
声音高亮。负责掌握节奏。

落地鼓
放在地板上的大鼓。声音比中鼓低。

低音大鼓
声音最低的鼓。用脚进行演奏。

1 首先要了解“节拍”。

试着按照一定的节奏踩踏板演奏低音大鼓。4 次演奏作为一组。

踏板

咚	咚	咚	咚
1			

咚	咚	咚	咚
2			

2 试着用鼓槌敲一敲。

一开始，可以练习手脚同步敲击！

踏板（右脚）	咚	咚	咚	咚	咚	咚	咚	咚
右手（踩镲）	喊	喊	喊	喊	喊	喊	喊	喊

踏板	咚	咚	咚	咚	咚	咚	咚	咚
右手	喊喊	喊喊	喊喊	喊喊	喊喊	喊喊	喊喊	喊喊

熟练以后，可以增加敲击的次数，试一试在踩 4 次踏板的时间里完成 8 次敲击。

3 敲出帅帅的节奏！

熟练之后，可以在第二次和第四次踩踏板的时候用一只手中的鼓槌去敲击军鼓！

踏板	咚	•	咚	•	咚	•	咚	•
左手（军鼓）	•	打次	•	打次	•	打次	•	打次
右手	嚓嚓	嚓嚓	嚓嚓	嚓嚓	嚓嚓	嚓嚓	嚓嚓	嚓嚓
	1							

跳舞究竟难不难？

啪嗒！
啪嗒！
咱们3点钟去公园练一练吧。
收到！
好嘞！
好的！
小天使迟到了啊。干脆咱们先开始练吧。
跳
跳
跳
嘣嚓嘣嚓！
做广播操身体棒！
抬起手臂
举高高
跳
跳
嘣嚓嘣嚓！
你是谁啊？
举高高
举高高
跳
跳
嘣嚓嘣嚓！

喂！我们这不是在做广播操啊！
啪！
举高高
锵！
完成！
旋转
咦？
抱歉抱歉，我迟到了！
换衣服耽误好多时间……
来呀，一起跳呀！！
你说跳就能跳吗……
鼓掌鼓掌
跳舞最开心。大家一起来。
哟，哟，哟！哟，哟……
谢谢大家！

各种各样的舞蹈

舞蹈有很多种，你想挑战哪一种呢？

芭蕾

诞生于西方舞台的舞蹈。代表剧目有《天鹅湖》《胡桃夹子》等。

Hip-Hop（嘻哈）舞蹈

是一种源自纽约黑人文化的街头舞蹈形式。关键在于跳出只属于自己的风格。

肚皮舞

源自中东的一种舞蹈，跳舞时会抖动肚皮。据说是世界上最古老的舞蹈。

草裙舞

诞生于夏威夷的舞蹈。一般出现在观光表演等场合。

挑战Hip-Hop

挑战一下最流行的Hip-Hop吧！

让我们一起掌握好诀窍跳起来！

“UP”

随着数数的节奏伸直膝盖，挺胸抬头。

在数数的间隙弯曲膝盖。

“DOWN”

随着数数的节奏弯曲膝盖和背部。

在数数的间隙伸直膝盖。

熟练以后……

加快速度，肩膀和胳膊也一起动起来。动作稍微夸张一点也没关系！

好像很有趣的样子！

想要看上去更帅，一定少不了酷酷的

结尾定格动作！

耶！
一、二、三！
嘿！
大家都很努力啊！真了不起！但是……你们穿的这是什么衣服啊？
鼓掌鼓掌鼓掌
喔？
这是我们最喜欢的衣服！
啊……这个……你们的品位还有待提高啊……
寿司
丸子
年糕

第3章

我想有个好眼光

下一个问题！！
嗡嗡……
你是谁啊？
欸？
嗨！
你们好啊！
闪亮登场
呜哇！
有个奇怪的人！
快打110！

等一下！等一下！
嘿！原来是小天使你啊！
你怎么打扮成这个样子了？
是要去参加化装舞会之类的活动吗？
NO……NO……NO！
我正准备去和男朋友约会呢！他是个硬摇滚乐手（Hard Rocker）哦！
哟，哟……
硬的（hard）
带锁的小柜子（locker）？
时装是一种能很好地用来表现自我的工具哦。
说是『表现自我』，你这难道不是投男朋友所好吗？

什么才是时尚？

我也想穿得既时尚又漂亮，究竟应该怎么做呢？

1 了解自己的尺码。

无论多么漂亮可爱的衣服，只要尺码不合适，就要果断抛弃它！一定要选择尺码合适的衣服！

2 与季节相匹配。

不要在炎热的夏季穿材质较厚的衣服，也不要在寒冷的冬天穿款式清凉的衣服！无论质地还是款式，都要与当前的季节相匹配。

3 考虑颜色。

西式服装通常只用三类颜色，
其中的平衡关系是……

这部分颜色 两成
对整体效果也会产生影响。

主体颜色 七成
决定了整体效果。

配饰 一成
通过腰带、鞋等配饰打造亮点，吸引眼球。

小要点

像这样，把同属暖色系或者冷色系的衣服搭配在一起，会给人以端庄大方的感觉。

如果选择红配绿、红配蓝这类撞色搭配，则会给人以活泼热情的感觉。

你属于哪种类型？

适合不同类型的搭配大作战！

时尚没有固定的规则！但是，了解自己的个性很重要。让我们一起通过下面这个图表来了解自己属于哪个类型，找出适合你的时尚搭配吧。

你今天脸看上去有点儿肿呢。
气鼓鼓
心直口快，想说就说。
喜欢整洁干净，经常收拾房间。
喜欢读书。
喜欢毛绒玩具！
清爽利落的男孩风
活泼可爱的男孩风
清新简洁的女孩风
轻松柔和的女孩风
接下来，我们要学习每一种类型的搭配要点！

不同类型的搭配要点

了解了适合自己的服装风格后，还要再确认一遍搭配要点！

利落的男孩风类型

清爽

可以选择摇滚风或者运动类单品来表现自己的男孩子气。

可以在护腕、短袜这类必备品上添加一些可爱的小细节。

针织帽

运动短袜

护腕

可爱的男孩风类型

活泼

可以尝试活力十足的运动风格。

在上衣和下装上选取横条纹或格子元素，凸显层次感。

横条纹T恤

棒球帽

运动鞋

棒球帽和运动鞋等单品，可以展示出日常服装无法展示的个性。

简洁的女孩风类型

清新

要注意强调可爱感，
而不是娇滴滴的感觉。

女式衬衫

小挎包

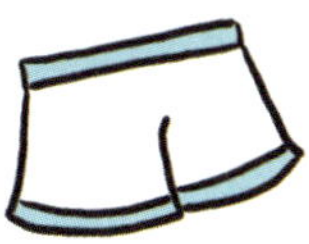

浅蓝色的裙裤

可以选择一些合适的小物件，营造出恰当的成人感。

柔和的女孩风类型

轻松

只要整体呈现出甜美的风格就可以了！
大量选取粉色或奶白色，再选择颜色鲜艳（比如红色）的鞋子或饰品加以点缀，就是一个时尚小达人啦！

发饰

平底鞋

带有花朵图案的蕾丝边连衣裙

可以利用带有丝带的发箍和花朵图案进一步提升女性气质！

扬长避短的搭配技巧

关于扬长避短展示好身材的搭配课，千万不要错过哦！

个子矮的小女孩

通过搭配拉长身材

利用帽子或发饰突出头部的重点。

竖条纹的上衣可以让我们看起来显得个子更高。

侧边加入线条元素的衣服也可以起到拉长身材的视觉效果。

过膝长袜和运动鞋可以让腿显得更长。

微胖的小女孩

通过搭配修饰身材

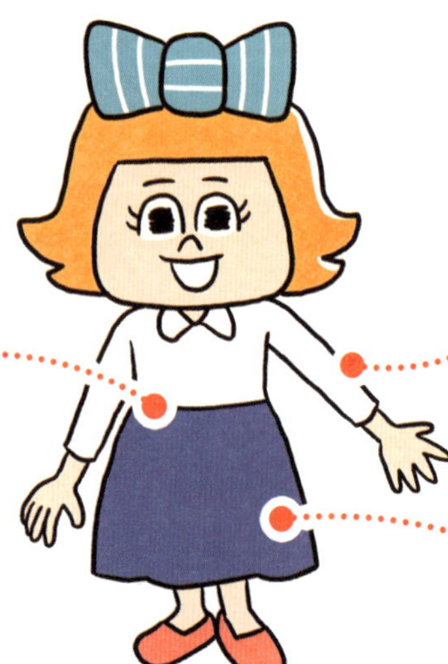

最好选择由上到下逐渐变细的衣袖。

高腰连衣裙也很显瘦。

冷色系的深颜色能起到收缩的视觉效果。

瘦瘦的小女孩

通过搭配营造出宽松的感觉

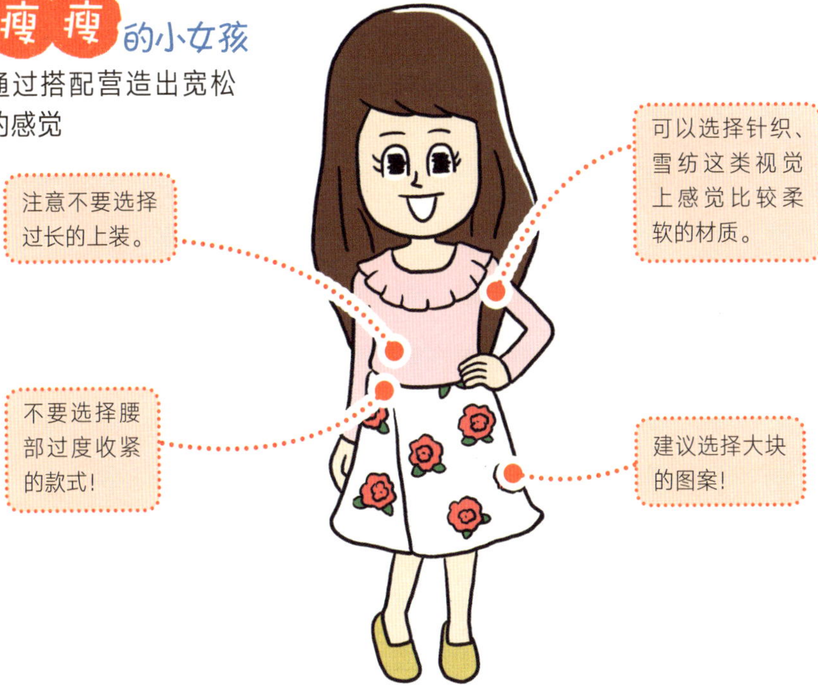

咕噜
好安静——
咕噜
咕噜
吸溜
吸溜
难道是因为那件事？
怎么办啊？
怎么了？
吸溜吸溜！
砰！！
努力
爱迪生的故事

我一直觉得这个房间特别差劲。东西扔得到处都是，还摆了好多奇奇怪怪的小装饰品，整体看起来乱七八糟的！
我有个想法，不知道该不该说……
欸？
说呀说呀！
乱七八糟
奇奇怪怪
呜呜呜。
真差劲
千万拜托了！
好吧好吧！
哦，你需要解决的是装饰房间之前的问题。
说到这里……
首先必须做点儿什么才行。

首先给房间做个大清理

打造可爱舒适的房间，要先从收拾房间做起！

要点 1

做好计划，列出“需要做的事情”。

不要妄想一次就把房间完全收拾好。首先应该把要做的事情列一个清单，然后按顺序有计划地开始整理。

就是这样的清单！

□桌面	11月6日
□ 桌子抽屉	11月7日
□ 桌子周围	11月8日
□ 书架	11月15日
□ 衣柜	11月14日
□ 电视机下面	11月16日

要点 2 分清留下的东西和不要的东西。

把物品分为“需要的”和“不需要的”。好几年都用不上的东西就属于不需要的东西。如果不太确定的话，可以暂时先保留一段时间。

要点 3 安排好放置场所，进行整理。

按照用途安排好不同的放置场所，这样一来，要用的时候就能很方便地找到它们。可以按照最简洁的方式安排每样东西的放置场所。

书架上的书本和杂志

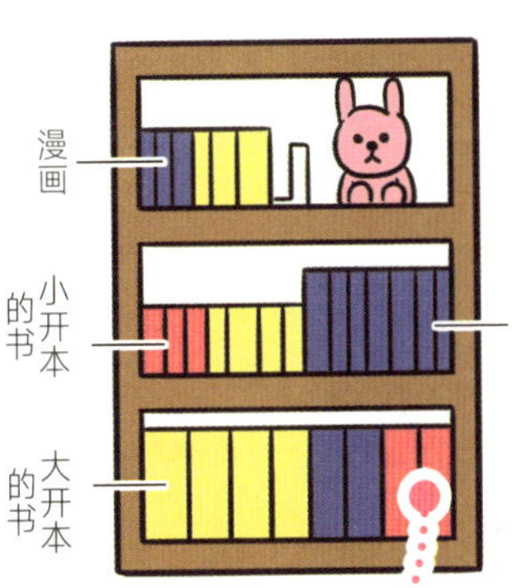

先按照内容分类，然后再按照高度和开本大小排列起来。

抽屉里

分门别类将物品收纳好。

打造温馨舒适的小女生房间

房间收拾好后，接下来，我们要开始装饰房间啦！

装饰房间的基本知识

1 关注墙壁和地板的颜色。

先考虑占房间绝大部分的墙壁和地板，它们的颜色搭配是否协调。

2 确定房间的风格主题。

公主风或是原创自然风，只有确定了房间的主题，才能营造出房间的统一风格。

3 不要把房间装饰得乱糟糟的。

恰到好处的装饰会让房间看起来更有品位。

小物件，大用途……

玻璃托盘

把可爱的小物件放在玻璃托盘里，可以让房间显得亮闪闪的，提升房间的可爱指数！

篮子

把脱下来的衣服或者读到一半的漫画放在篮子里，可以营造出一种朴素的自然感。

把不同大小的篮子摆在一起，能够提升房间的时尚指数哦！

带有图案和蕾丝的窗帘

带有简单图案和蕾丝的布质窗帘可以让房间充满公主气息！

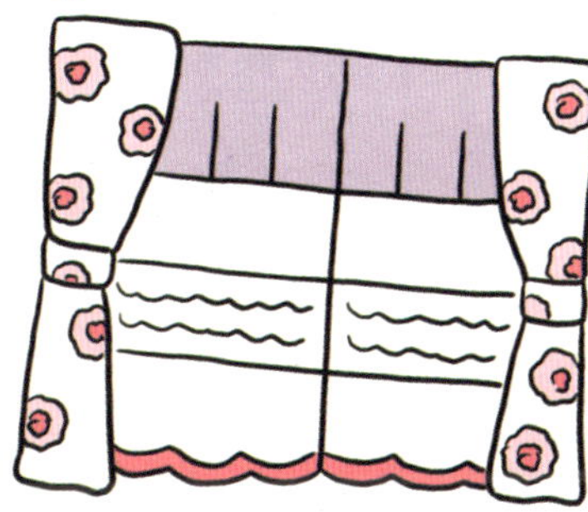

白色和粉色最能提升公主感！

墙贴

在破旧墙壁上、窗户上或者白墙上使用“墙贴”进行装饰，可以让房间焕然一新。

随季节更换不同的图案，能够进一步提升房间的女人味。

快看！我变成个武士啦！
嗯……这道题好难啊。
嗯，这个明明昨天刚学过来着……
好困啊。
哈哦……
才过了10分钟……
啊！我受不了了！休息！休息！然后再继续看书。
我是小天使。
我的理想是成为一名世界巨星。
想玩摇滚的话，英语很重要哦。

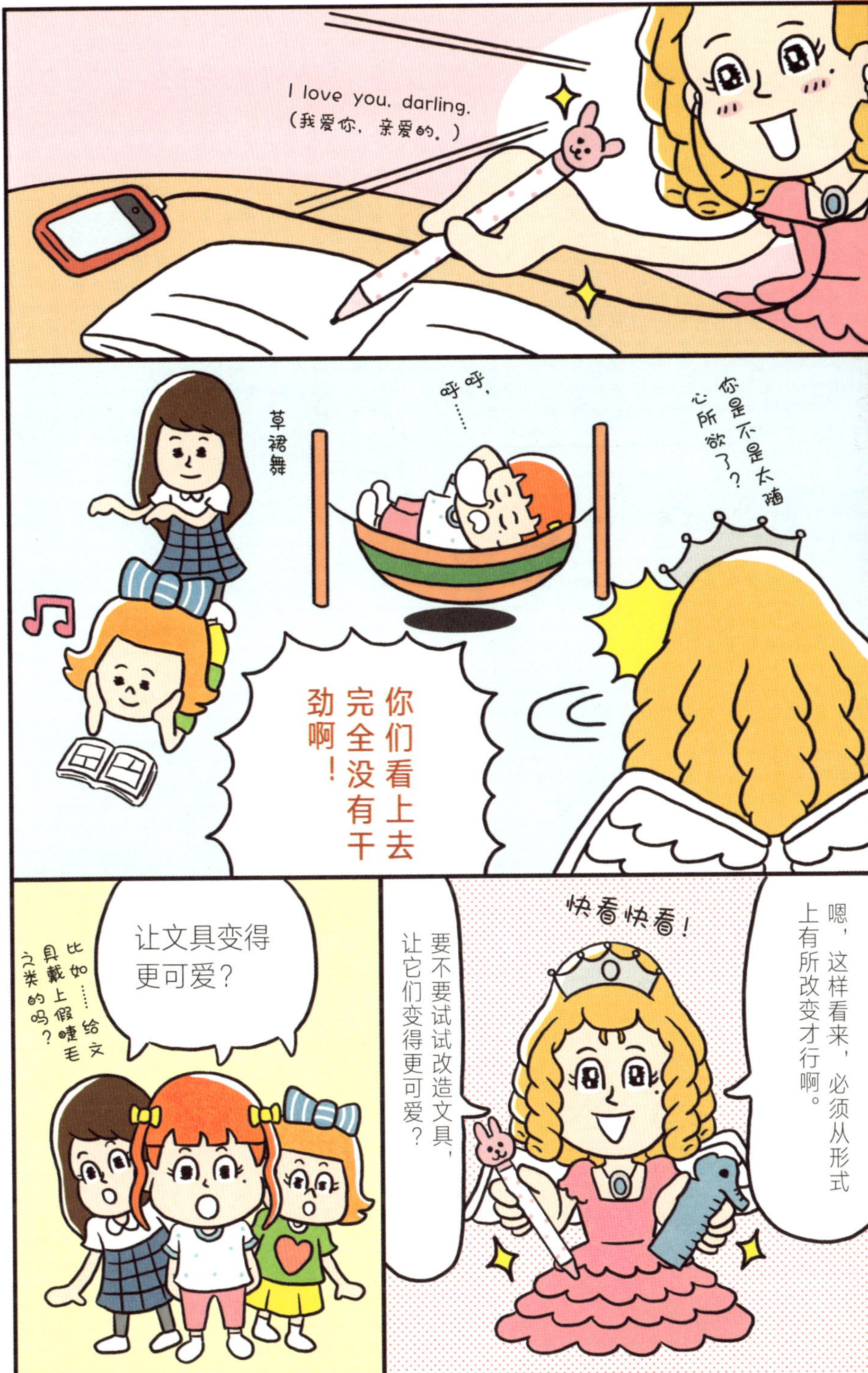
I love you, darling.
（我爱你，亲爱的。）
草裙舞
呼呼，……
你是不是太随心所欲了？？
你们看上去完全没有干劲啊！
快看快看！
嗯，这样看来，必须从形式上有所改变才行啊。
要不要试试改造文具，让它们变得更可爱？
让文具变得更可爱？
比如……给文具戴上假睫毛之类的吗？

准备工作……

介绍一些小玩意儿

纸品类

把从可爱的折纸、杂志上剪下来的贴画、喜欢的图案等纸制品贴在衬纸上，看上去就显得很专业啦！

装饰胶带

印上了颜色和图案的胶带。可以轻松揭下，因此可以用于装饰各类物品。

水钻贴纸

闪闪发亮的水钻贴纸。初学者也能轻松驾驭！

封口贴

有各种造型和图案，也可以用于装饰。

图案涂改带

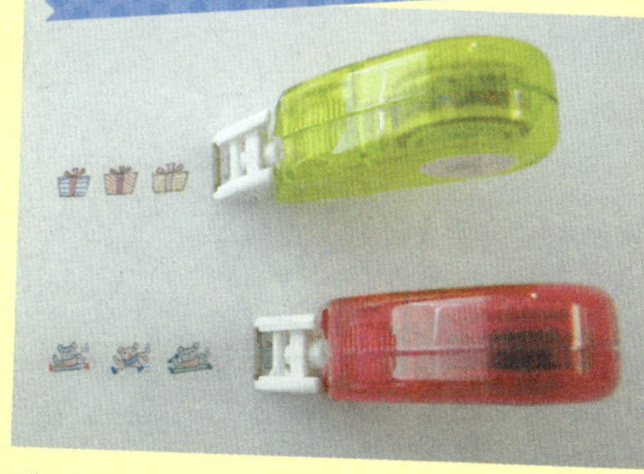

利用图案涂改带，可以轻松完成各种装饰。只需要把胶带涂出来贴好，可爱的装饰就完成了。

花边剪刀

可以剪出花边的剪刀。能用来剪纸和布，让材料变得更可爱！

学习起来动力十足

文具装饰①

转眼间，简简单单的文具就变得个性十足！

装饰我们的笔

把一排排水钻贴纸旋转着贴在笔上，一支闪闪亮亮的笔就完成了。很漂亮吧？

准备： 简单的一支笔，较细的水钻胶带（两种）。

1

将水钻胶带均匀地卷在笔上，留出一列宽的间隔。

2

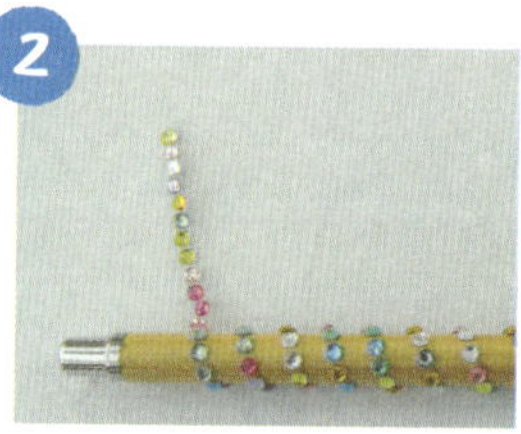

卷好一种后，用剪刀把多余的胶带剪掉。

3

在间隔处卷上第二种胶带。

4

全部卷好后，用剪刀把多余的胶带剪掉。

也可以这样装饰——

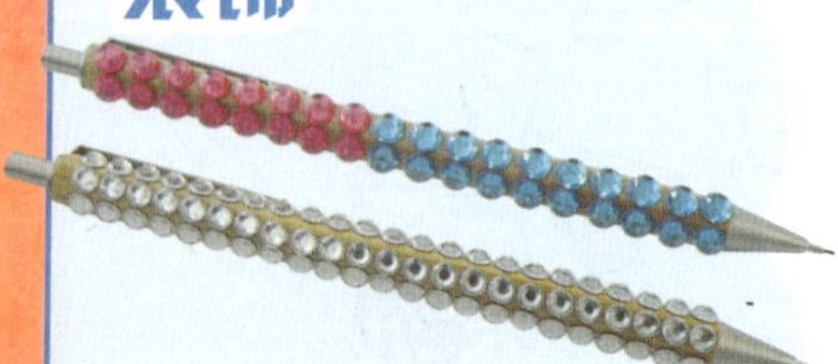

透明胶带
橡皮
亮闪闪
亮闪闪
好可爱!

我觉得自己忽然干劲十足了呢!
我也是呢!
你们这姿势摆得倒是真不错……
但愿不是心理作用吧……

学习起来动力十足 文具装饰②

通过装饰，让普普通通的笔记本变身成为你的原创笔记本！

全世界仅此一本！ 装饰笔记本

准备： 笔记本、装饰胶带、胶棒、装饰性贴签、封口贴、杂志等上面的剪贴画、包装纸等。

按照自己的喜好随意装饰就可以啦。

封皮是笔记本的门面！一定要醒目。

发挥你的个性，制作一本专属于你的原创笔记本吧！

要点

把杂志上的剪贴画组合起来试试看。

要点

可以让几张纸制品部分重叠，这样可以营造出立体感！

杰尼斯现场秀
公园门票
奇迹水族馆
京都 ○○○日元
小女生文化展
咦？
这是在哪儿？什么时候拍的呢？
哦？
咦？
这是去镰仓的时候拍的吧？
哦，对对对！是去年在镰仓拍的……
你怎么什么都知道？
啪叽！

不以为然
呃……我觉得风景还是蛮不错的。
唉……
我本来想把这些回忆都做成图文并茂的回忆录，但是不知道该怎么做才好……
图文并茂
首先，要按照照片拍摄的时间和地点进行分类。
这个？还是那个？
啪！
啪！
今天的主角
当当当当！
不好意思……

试着拼贴照片

试着把美好的回忆都留下来。

准备： 衬纸（笔记本也可以）、水钻贴纸、装饰胶带、包装纸等。

下面是小猫咪刚出生时的照片！拼贴时用到了各种材料！

要点
想一个很棒的标题写在上面。

要点
也可以使用做手工用的丝带之类的物品，效果也很不错哦！

要点
在空白处贴上装饰性贴签等，可以让画面更加活泼。

要点
贴上立体标签或者把纸制品重叠贴起来，可以提升关注度哦！

喵——

嘎吱！
嗯？
嘛咪嘛咪，
呼噜哈哩。
干什么呢？
她这是怎么了？
受什么刺激了吗？
悄悄地
哗！
我在家里发现了一张可怕的照片！
哼！

哔！
在哪儿呢？在哪儿呢？
欸？是什么呢？
好可怕！
就，就是这个！
这是我们的自拍照……
咔嚓
拜托你教教我们怎么拍自拍照吧。
什么？！
不会吧！
蜡烛烤得人很热啊……

自拍小窍门

教你拍出可爱的自拍照！

要点1 选择光线明亮的地点拍照。

在房间里拍照时，要选择阳光照进来的地方拍，这样会让面部看上去更加明亮。

要点2 拍照时要把眼睛睁得大大的。

拍照前深吸一口气，眼睛自然会变大。

要点3 手机举到斜上方拍摄。

一定要把眼睛睁得大大的，最好把手机举到额头上面一点！

要点 4
嘴角微微上扬。

下颌的线条向上收紧，会让脸看起来更小！

要点 5
拍摄时强调自己身上最有魅力的地方。

如果想要强调眼睛，眼睛就要睁得大大的；如果想要强调嘴唇，就要让嘴唇微微噘起，总之要找到自己最有魅力的地方加以强调！

要点 6
拍照时身体微微倾斜。

拍照时身体微微倾斜，拍出的照片更显瘦哦！

今天要和男朋友约会，把平时戴的皇冠摘下来。
男朋友
嚓！
嗖——
闪亮登场
耶！完美！

欸？你怎么这身打扮？
不会吧！你就打扮成这样出门吗？
星星眼
好帅啊！
我也想要那枚戒指。
你跳得好高啊！
嗖
这不是什么贵重的东西！你们还是学生，还要过很久才可以戴这个呢。自己做一个去！
好，好吧……

串珠的基础知识

挑战串珠

从串珠开始吧

这里要教给大家的是最简单的串珠的做法。

材料：喜欢的珠子共12颗，鱼线（水平细线）1条。

※ 根据珠子孔的大小选择粗细合适的鱼线。

工具：剪刀。

1

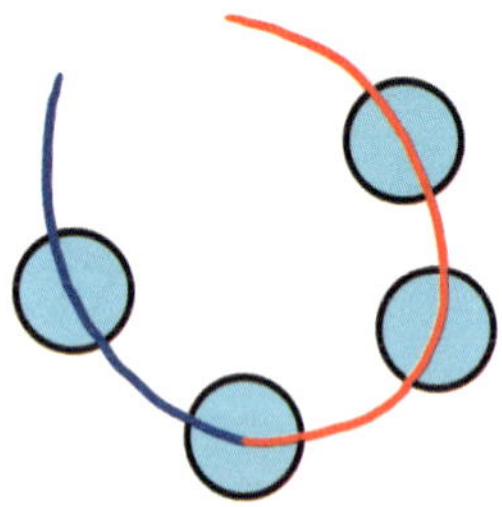

首先，用鱼线把 4 颗珠子穿起来。

2

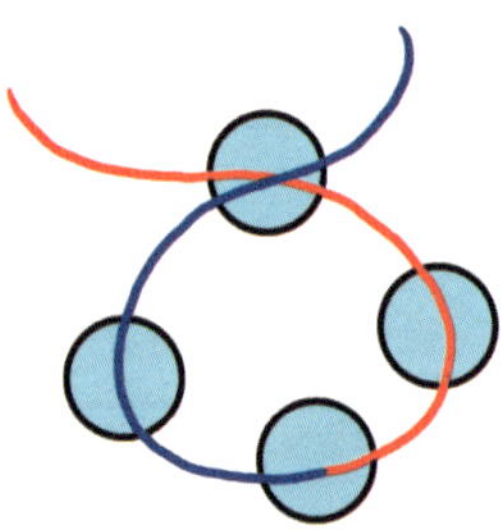

从最左边的珠子孔里把鱼线交叉穿过去。

3

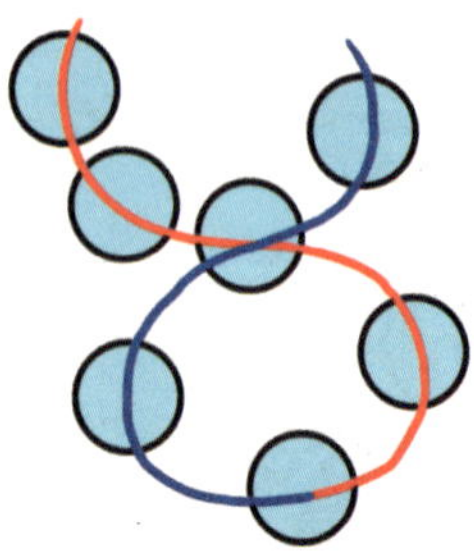

然后在右边穿上 1 颗珠子，在左边穿上两颗珠子。

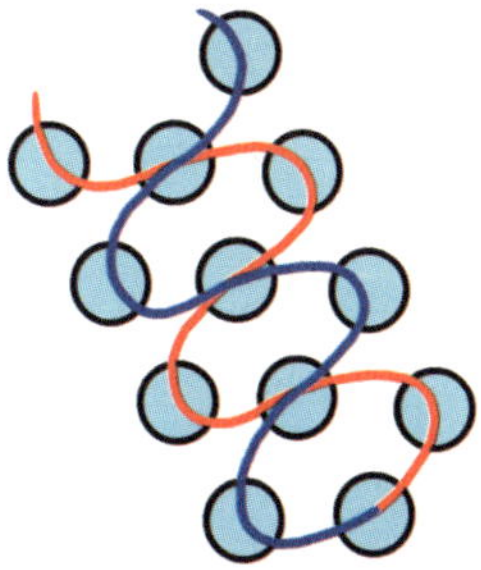

重复前面的步骤。

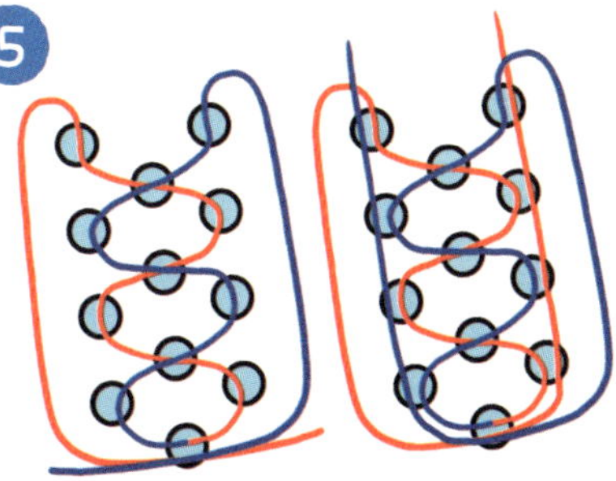

最后左右各穿 1 颗珠子，把鱼线拉紧，就变成了一个球状物。

把做好的珠子球穿在皮筋上，就变成了一个发饰。也可以做成可爱的纽扣，或者穿在丝带上，做成漂亮的腕带。

串珠变成了球状，然后用鱼线扎紧，把多余的鱼线剪掉就完成啦！把剪完的线头仔细塞进珠子里，一个小饰物就做好了。

做一枚可爱的胸针

试着做一枚简单的胸针吧！

材料：丝带、蕾丝、纽扣、毛毡、胸针的针等。

1

将毛毡剪成直径5cm的圆片，作为胸针的底板。

2

在毛毡表面装饰上喜欢的蕾丝和丝带。

3

可以把丝带系成蝴蝶结，点缀上纽扣，再加上蕾丝，可以按照自己的喜好把材料组合在一起。

更简单的做法！

如果你不太擅长使用针线，也可以用装饰胶带和水钻粘出一枚漂亮的胸针！

4

只需要把胸针的针粘在毛毡背面就可以了！

可以把它佩戴在连衣裙或者包包上，作为搭配的点缀。穿上皮筋，还可以变成一个漂亮的发饰哦！

制作与众不同的小饰物

这里要介绍的是做好后非常小巧可爱的塑料板饰品！

材料： 塑料板（塑料材质的板子，在小店就可以买到）、彩色铅笔或油性彩笔。

工具： 剪刀、砂纸、黏合剂、饰品五金件。

1

用砂纸擦拭塑料板表面，使其易于着色。

2

在纸上画好饰品的图案。

※ 塑料板加热后，面积会缩小，因此图案要画得大一些！

3

将塑料板放在画好图案的纸上，砂纸擦拭过的一面朝上，用油性笔把图案描下来，再用彩笔或彩色铅笔涂好颜色。

4

把塑料板的图案部分剪下来。

5

在烤盘上铺上铝箔纸，把剪好的图案摆在铝箔纸上。烤箱预热，用 160℃ ~200℃加热 15~20 秒。

烤盘的加热速度各不相同，在加热时要注意观察进度哦。

注意 烤箱过度加热会把塑料板烤化甚至燃烧，一定要注意安全！

6

烤好后冷却，然后装上胸针之类的饰品五金件，一个小饰品就完成啦！

结语

嘀嘀！
祝你们未来一切顺利！
你们没有什么烦心事了吧？
托您的福，我们今天很好。
是吗？那太好了，你们已经没什么问题了！
但是，如果你们遇到了什么新问题的话，我还会回来哟！
欸？你连这都想到了？
我一直觉得你神神秘秘的。
呵呵呵，我当然最懂你们啦。
哈！
难……难道……

我还约了朋友，先走一步啦。
摘掉后面的翅膀！！
啪嗒！
闪亮登场
欸？
你们是谁啊？

出发！未来
突突突突突！
欸？
难不成……
就是你们所想的那样！
就是我们！
再见啦！
飞起来了！
飞……飞起来了！
!!
谢谢！
谢谢！
谢谢我们！

你这个造型真是
太——土——气——了！
嗡——
欸？
难不成你是……
啊！
无论什么时候，女孩子都要不断提升自己的女人味才行！

illustration：Masafumi Ohno

版权合同登记　图字：19-2019-209号

图书在版编目（CIP）数据

学校学不到的成长课. 我要做个受欢迎的女生 /（日）株式会社旺文社著；肖潇译. — 广州：新世纪出版社, 2019.12
ISBN 978-7-5583-0038-7

Ⅰ. ①学…　Ⅱ. ①株… ②肖…　Ⅲ. ①心理交往－少儿读物　Ⅳ. ①G775

中国版本图书馆CIP数据核字（2019）第265407号

学校学不到的成长课·我要做个受欢迎的女生

Xuexiao Xuebudao de Chengzhangke · Wo yao Zuoge Shouhuanying de Nüsheng

出 版 人：姚丹林
责任编辑：秦文剑　黄诗棋
责任技编：王　维

出版发行：新世纪出版社
（广州市大沙头四马路10号）
经　　销：全国新华书店
印　　刷：北京盛通印刷股份有限公司
规　　格：880mm×1230mm　　开　　本：32开
印　　张：4.75　　字　　数：60千
版　　次：2019年12月第1版　　印　　次：2019年12月第1次印刷
定　　价：32.50元

质量监督电话：020-83797655　购书咨询电话：020-83781537